JN295944

Textbook Sociology

テキスト社会学

星野　潔・杉浦郁子 編著

学文社

執筆者

*星野　潔　　立正大学非常勤講師（序章, 8, 9, 12章, コラム）
山本　功　　淑徳大学総合福祉学部准教授（1章）
藤川　千歳　慶應義塾大学非常勤講師（2章, コラム）
田邊　浩　　金沢大学大学院人間社会環境研究科助教（3章）
田端　章明　中央大学非常勤講師（4章）
種村　剛　　中央大学非常勤講師（5章）
*杉浦　郁子　中央大学非常勤講師（6章）
亀山　聖未　中央大学法学部通信教育課程インストラクター（7章）
石垣　尚志　目白大学社会学部専任講師（10章）
苫米地　伸　東京学芸大学准教授（11章）
中村　裕美子　成田国際福祉専門学校専任講師（13章）
鍋山　祥子　山口大学経済学部准教授（14章）
飯島　賢志　武蔵丘短期大学講師（15章）

（執筆順，＊は編者）

はじめに

　最近の社会学の入門書は，おもしろい読み物が多い．ユニークな解説で社会学への関心を喚起しようとする作り手の意図が感じられるものばかりである．しかし，いざそれらを講義でテキストとして使ってみると，うまく使いこなせないことがしばしばある．社会学の入門的な講義で使いやすい教科書が欲しい，という実感が本書の企画の出発点だった．

　読み物としての入門書は，解説が丁寧でわかりやすいが，それに紙幅をとられるためか，扱う内容や領域が限られてしまう傾向がみられる．また，読者を飽きさせない記述スタイルを優先する結果，概念や学説などが断片的に提示され，体系性が把握しづらくなってしまうこともある．しかし，講義で使う教科書の場合には，解説は饒舌でなくてもよい，むしろ内容の網羅性，体系性を重視したほうがよい，と私たちは考えた．

　もちろん，厳密に述べるならば，理論的な立場によって，描かれる社会学の「体系」の詳細には違いもある．また，社会学の「体系」や「全体」を仮構することに違和感を覚える，という意見もある．さらに，「体系」を順序立てて話す講義は退屈になりがちだし，そもそも半期のコースで「全体」を扱いきることなどできない，という意見ももっともだと思う．

　それでもなお，基礎知識が体系的に整理されている教科書がよいと思うのは，結局，「体系」の脈絡のなかで説明することが理解への近道だと考えるからである．また，授業で「全体」を扱えないとしても，そうであればこそ，学生のもつ教科書には社会学の「全体」像が示されていてほしい．教員が取り上げた概念や領域が「全体」のどこに位置するのか，教科書を通して把握できるからだ．それから，大学の学部のカリキュラムでは，社会学の知識を体系的，全体的にとらえる機会は，入門的な講義のほかにあまりない，

という事情もある．学年が進むと，個別の社会関係や社会領域に特化した学習になっていくからである．

このような理由から，本書は限られた紙幅に多くの内容を盛り込んだ．代わりに，解説をシンプルなものとし，要点だけを簡潔に記述するスタイルをとった．学生の理解を助ける具体例，数値例，図などもほとんど掲載していない．そうした詳細な説明は，教員が講義で補えばよいと考えたのである．授業の準備はたいへんになるかもしれないが，教員が工夫できる余地があるし，具体例や数値データも鮮度がよいものを示せる．そのほうが学生も，教員の話を聞く意味を見出しやすいのではないか，という期待もあった．

なお，標準的な基礎知識として取り上げる事項を選定する際には，公務員試験や社会福祉士試験の出題範囲も参考にしたので，これらの試験の受験対策のテキストとしても本書は有効である．

＊　　　＊　　　＊

本書は，2部構成をとっている．序章で社会学の意義を簡単に説明したのちに，第1部で社会学の歴史（1～3章）と基礎概念（4，5章）を概説し，第2部で現代社会のさまざまな領域にかんする知見や研究方法を紹介した．第2部は，各章ごとに独立した内容になっている．

また，第1部と第2部に1つずつコラムを設けた．章のなかで扱えなかったが，まとまった記述が必要だと判断した事項を解説した．巻末には，章別に引用・参照文献を載せた．

本書が実際に，講義で使いやすい教科書として活用されるようになれば幸いである．

2007年1月　　　　　　　　　　　　　　　　　　　　　　　　　編著者

目　次

序章　社会学とはどのような学問か ……………………………………1
　　第1節　社会学の課題　1
　　第2節　社会学と他の学問との関係　1
　　第3節　社会学の学問体系　2
　　第4節　社会学を学ぶ意義　3

第1章　社会学の誕生と成立 ………………………………………………5
　　第1節　社会学の誕生　5
　　第2節　社会学の黎明期　6
　　第3節　学問としての社会学の成立　12

第2章　社会学の発展 ……………………………………………………23
　　第1節　シカゴ学派　23
　　第2節　構造-機能主義の成立　27
　　第3節　フランクフルト学派の批判理論　31
　　第4節　ラディカル社会学　33
　　第5節　意味世界と相互行為へのまなざし　36
　　　　　コラム　日本の社会学の成立と展開　38

第3章　現代の社会学 ……………………………………………………40
　　第1節　現代の社会学理論の趨勢　40
　　第2節　機能主義の批判的継承　42
　　第3節　構造主義の影響　45
　　第4節　機能主義，構造主義から構造化へ　48

第5節　アメリカの動向　51
　第6節　モダニティ論の興隆　54

第4章　行為と集団の基礎概念……………………………………59
　第1節　行為の基礎概念　59
　第2節　相互作用の基礎概念　62
　第3節　自己と他者の基礎概念　66
　第4節　集団の基礎概念　68

第5章　構造と変動の基礎概念……………………………………75
　第1節　システムと構造　75
　第2節　階級と階層　80
　第3節　社会移動　82
　第4節　社会変動と社会計画　84

第6章　家族とジェンダー…………………………………………89
　第1節　近代日本の家族の歴史的展開：高度経済成長期まで　89
　第2節　核家族パラダイムの確立：集団としての家族　92
　第3節　家族研究とジェンダー　94
　第4節　個人がつくる家族　97

第7章　少子化と高齢化……………………………………………100
　第1節　少子化　100
　第2節　高齢化　106
　第3節　少子化と高齢化を考えるために　109

第8章　都市化と地域社会…………………………………………112

第1節　産業化と地域社会の変動　112
　第2節　地域社会の社会学的研究の展開　116
　第3節　現代の社会変動と地域社会の動向　123

第9章　職業と組織 …………………………………………126
　第1節　職業とその関連概念　126
　第2節　組織とその分析視角　130
　第3節　社会変動のなかの職業と組織　134

第10章　産業化と環境問題 …………………………………140
　第1節　産業化と現代社会　140
　第2節　現代社会と環境問題　144

第11章　大衆化と情報化 ……………………………………153
　第1節　大衆社会　153
　第2節　マス・メディアの発達と情報化　159

第12章　グローバリゼーションとエスニシティ …………165
　第1節　グローバリゼーションとは何か　165
　第2節　国民国家とは何か　169
　第3節　グローバリゼーションが生みだす諸問題とエスニシティ　172
　　　　コラム　社会運動の社会学　179

第13章　逸脱と社会問題 ……………………………………181
　第1節　規範と逸脱　181
　第2節　逸脱理論の源流　184
　第3節　逸脱行動の原因論　186

第 4 節　社会問題　　190

第14章　社会的不平等と福祉国家 ……………………………………193
　　第 1 節　貧困と社会福祉　　193
　　第 2 節　福祉国家の成立　　196
　　第 3 節　福祉国家の展開　　197
　　第 4 節　比較福祉国家論　　199
　　第 5 節　グローバリゼーションと福祉国家　　201

第15章　社会調査 ………………………………………………………203
　　第 1 節　社会調査の入口　　203
　　第 2 節　社会調査の分類　　206
　　第 3 節　社会調査の一般的な流れ　　210
　　第 4 節　社会調査を用いた研究の古典　　211

引用・参照文献　　213
索引　　231

序章 社会学とはどのような学問か

 社会学とは,どのような学問なのだろうか.そして,社会学を学ぶことには,どのような意義があるのだろうか.本書のはじめに,社会学という学問の特徴とそれを学ぶ意義について簡単に解説しておこう.

第1節 社会学の課題

 本書の第1章で述べるように,社会学は,近代社会の成立,すなわち市民革命や産業革命などの大きな変動を経て誕生した学問である.伝統的な秩序が崩れ,人間の共同生活の形態が大きく変化していく過程で,「社会」というものの存在を人びとは意識するようになった.また,絶えざる急激な変動とそれにともない発生したさまざまな問題に直面した人々は,個々の人間の生活を規定する全体的な社会の構造や変動のメカニズムを,客観的,実証的に探求するようになった.こうして社会学という学問は誕生したのである.
 つまり,社会学は,客観的,実証的な観点から,人間の形成する社会の実像とその動態を把握し,それによって自分たちの「ありよう」を理解するという課題を担って成立した学問なのである.

第2節 社会学と他の学問との関係

 いうまでもなく人類は,はるか昔より,人間の共同生活に関する思索や観

察にもとづく，さまざまな思想や学問を作りあげてきた．だが，社会学は，科学的な客観性や実証性の確保を追求している点で，必ずしもそうした指向をもたない思想や学問とは異なっている．とはいえ，人間の共同生活を主題とするさまざまな思想や学問には，実質的に社会学と関連の深い内容も含まれており，違いは相対的なものだといえる．

人間の共同生活の営みのなかから経済や政治，法，経営などの領域や現象を抽出し，それぞれについて客観的，実証的な方法を用いて研究する学問は，総体として社会科学と呼ばれる．社会学も，経済学や政治学，法学，経営学などとともに社会科学の一種に数えられる．

社会科学のなかで社会学は，政治，経済，法などの各領域に共通して存在する社会や集団，あるいはそれを構成する人間の生活と行動を研究対象とする点で独自性をもっている．また，すでに述べたように，社会学はその誕生以来，社会の全体的な構造や変動のメカニズムの解明に大きな関心を払ってきたが，そうした「総合性」への指向も，社会学の特徴として挙げることができよう．

第3節　社会学の学問体系

本書の第1章から第3章までに述べられているように，社会学の内部には，その展開過程で形成されたさまざまな理論的立場が存在する．また，その具体的な研究対象の範囲も，第6章以下に示されているように，きわめて幅広い領域にわたっている．各領域を対象とする社会学はそれぞれ独自の問題関心と理論をもち，たとえば家族社会学，都市社会学，産業社会学，環境社会学，政治社会学，医療社会学，法社会学などの専門分野を作りあげている．そうした個別の領域の社会学は，連字符社会学あるいは領域社会学などと呼ばれている．

しかし，専門分化しているとはいえ，いずれもそれぞれの領域の現象を，

社会や集団，あるいはそれを構成する人間の生活や行動との関連から研究するという点で共通性をもち，本書の第4章と第5章で示されるような基礎概念を共有している．この意味で，社会学は，各領域社会学を通じた全体としての体系性をもっているのである．また，そうした，社会を把握する基礎的な概念枠組み自体の研究を専門とする社会学を，理論社会学と呼ぶ．

第4節　社会学を学ぶ意義

　社会学の実証的研究の成果や研究方法に関する知見の多くは，社会のさまざまな実践の場面で何らかの形で道具的に利用することが可能な知識でもある．したがって，社会学を学ぶということは，1つには，そうした道具的，技術的に「役に立つ」知識を習得するということを意味している．

　しかし，社会学を学ぶ意義は，それだけにとどまらない．すでに述べたように，社会学はその成立当初より，客観的，実証的な観点から，人間の形成する社会の実像とその動態を把握し，それによって自分たちの「ありよう」を理解するという課題をもっていた．社会学を学ぶということは，そのようなものの見方を習得することをも意味するのである．

　アメリカの社会学者のミルズ（Mills, C.W. 1959）は，社会学に特有のものの見方を「社会学的想像力」と名づけ，それを「個人環境にかんする私的問題」と「社会構造にかんする公的問題」を結びつけて考える能力と説明した．ミルズによれば，人は「みずからをその時代の中に位置づけることによってのみ自己の経験を理解し，自己自身の運命をおしはかることができ，また周囲にいるすべての人々の生活機会に気付くようになることによって，はじめて自分の生活の機会も知ることができる」のだ．

　「想像力」という言葉は，自分勝手な「思いこみ」を正当化することを意味しているのではない．むしろ，自分の属する社会や集団に共有された「常識」や，そのなかで形成された個々人の「思いこみ」を批判的に問い直し，

自分や他者の置かれた条件を客観的,実証的に理解する能力を表しているのである.

　社会学を学び,そうした能力を習得することは,社会生活を送る際に出会うさまざまな物事を冷静に判断する能力を高めることにつながる.その能力は,社会の今後の方向性や自分の取るべき態度を考察する際に,大きな力を発揮することになるであろう.それは,人類が平和に共存できる未来を構築していくためにも必要な能力である.

　社会学を学ぶことには,このような実践的意義があるのである.

第1章 社会学の誕生と成立

> **キーワード**
>
> 産業革命,市民革命,3段階の法則,社会有機体説,社会進化論,疎外,史的唯物論,資本論,機械的連帯／有機的連帯,社会学主義,自殺論,アノミー,社会的事実,形式社会学,社会圏の交錯,価値自由,理念型,理解社会学,エートス,合理化,支配の3類型

第1節 社会学の誕生

1 社会を対象化するまなざしの登場

「身分」や「所有」などさまざまな社会的制度の自明性が崩壊し,昨日まであたりまえだったものが今日はそうではない,という近代化にともなう激動の時代のなかで社会学は誕生した.人間が生きるこの「社会」は不変なものではなく変わりゆくものだという認識,そしてその変わり方には一定の法則があるという認識が,「社会」を対象化するまなざしを獲得させたのである.

2 産業革命と市民革命

18世紀後半,イギリスでは産業革命が進行した.蒸気機関の発明とその実用化によって,生産活動が文字通り「革命」的な変化をとげる.科学技術の発展,工業化,都市人口の増加など,産業化という現代社会につながる社会

の変化が始まった．イギリス国内には鉄道が走り，蒸気船が発明され，原料と市場を求めてイギリスは世界に進出する．産業革命の波は世界に，やがて日本にも波及していくことになる．

　他方，政治的な変化として，欧米各国における市民革命があげられる．植民地であったアメリカはイギリスの支配に抵抗し，1776年に独立宣言を発表した．「すべての人間は平等」という一文が入ったこの宣言に，啓蒙思想の結実の1つを見い出すことができる．宗教や封建制度のしがらみを取り払い，基本的人権と人民主権を建国の理念とする国家が誕生したのである．

　フランスでは，1789年にフランス革命が勃発する．同年に発表された人権宣言は，世界史上重要なターニング・ポイントである．だが，フランスではその後も政治的な混乱の時期が続く．ロベスピエールによる恐怖政治の時代を経て，1804年ナポレオンが皇帝となり，革命はヨーロッパ中に「輸出」された．ナポレオンはヨーロッパで封建制を破壊する役回りを演じるがやがて失脚，1814年にはブルボン王朝が復活，1830年の7月革命，1848年の2月革命と政変は続いた．こうした変動と混乱の時代に，社会学はフランスで生まれた．

第2節　社会学の黎明期

1　フランスのサン＝シモンとコント

　「社会学（sociologie）」という言葉は，コント（Comte, A.）が『実証哲学講義』(1839) において初めて用いたといわれている．コントは，彼が19歳のとき秘書についたサン＝シモン（Saint-Simon, C.-H. de.）とともに，社会学の祖とみなされている．

　当時のフランスでは，革命によって王政や教会の権威が否定され，人権と民主主義を旨とする社会が目指されたものの，新しい秩序の確立に苦しみ，混乱が続いていた．サン＝シモンやコントは，そのようなフランスの状況を

分析し，新しい社会秩序の構想に取り組んだのである．

(1) サン=シモンの産業主義

サン=シモンの主張は，産業主義として知られる．それは，歴史的にみて産業（者）階級がいずれ最高の階級となるはずだとする主張である．彼のいう産業（者）階級とは，農業者，製造業者，商人など社会に必要なものの生産と流通にたずさわる人々である．サン=シモンは，聖職者や貴族の地位を否定し，実証科学と産業が進歩することで封建体制から産業体制に移る，という社会の変化の図式を描いた．サン=シモンの産業主義と実証主義は，コントに受けつがれた．

(2) コントの社会動学と社会静学

コントにとって革命以降の混乱状況にあったフランスは，「精神面でも世俗面でも崩壊状態にある．精神的無政府状態が世俗的無政府状態に先行し，この状態を生み出した」（コント 1822）ものと映った．人間精神が世俗社会のあり方を規定するとの考えにもとづいて，「社会の精神的再組織化」が必要であると主張した．

コントは，人間精神は，「神学的→形而上学的→実証的」の3つの段階を踏んで進歩し，それに応じて，社会のあり方も「軍事的→法律的→産業的」と発展するという図式を示した（3段階の法則）．神学によって正当化された征服を目的とする軍事的社会から，過渡期的な段階を経て，科学的な実証性を根拠に産業活動をし，それを目的とする社会へと移行するという．革命以降の大混乱をいかに収拾するか．その答えが実証的精神による社会の再組織化である．そして社会学は，実証的精神をもつ科学者が，新たな社会秩序を「予見するために見る」学問として位置づけられた．

また，コントは，「秩序は常に進歩の根本条件」であり「進歩は秩序の必然的目的」であると論じ，両者に対応して社会学を2部門に分けた．社会静

学と社会動学である．社会動学では，3段階の法則にもとづき，社会の発展のあり方が考察された．社会動学は，今日の社会学でいう社会変動論につながる．

社会静学では，社会の成り立ちが考察された．生物が高度になると各器官が連携しながら独自の機能を果たすようになり，機能分化していく．それと同様に社会も，皆が個人的衝動にしたがっているだけのようで知らずに相互に協力して成立している．生物のアナロジーで把握されたこのような社会観は社会有機体説と呼ばれ，のちの機能主義や社会システム論につながった．

コントは，経済学や法学のみならず，生物学などをも含んだ総合的な科学として社会学を構想した．それゆえ，彼の立場は総合社会学といわれる．

2　大英帝国のスペンサー

イギリスでは，コントの影響を受けたスペンサー（Spencer, H.）が社会学を展開した．

世界で最初に産業革命を経たイギリスでは，1830年には鉄道が開通し，工業生産がますます盛んになり，都市への人口集中が進んだ．大規模な機械制工場が出現し，そこでは女性や子どもが過酷な労働に従事した．やがてそれは社会問題化し，1833年に工場法が制定される．労働問題を背景に，労働者は団結して労働組合を結成し，労働者と資本家が対立するようになっていく．こうした都市問題や労働問題は，社会秩序に対する人々の関心を喚起させた．

スペンサーはこのような時代に生き，おおむね1850年代以降に活躍した．主著として『社会静学』(1851)，『社会学原理』(1876-1896)などがある．スペンサーの社会学の特徴は2点あげられる．1つはコントと同様，社会有機体説という社会観，もう1つは社会進化論である．

彼のいう進化とは，「同質なものから異質なものへ」「単純なものが分化を経て複雑なものへ」の変化である．進化は，社会のみならず，天文学や地質

学，化学，生物学，言語，芸術などあらゆる領域にあると考えられた．一例としてスペンサーは生物の進化をあげる．生物が異質性を増大させてきたのは，生き残るためである．環境の変化によりいくつかの種族が絶滅しても，別種のものが適応して生き残ることができる．こうした見方は，ダーウィンの進化論と非常によく似ているため社会ダーウィニズムとも呼ばれる．しかし，ダーウィンの『種の起源』の出版は1859年であり，スペンサーの議論のほうが早い．「適者生存」という言葉もスペンサーによるものである．

スペンサーは，異質性が小さく，強制によって成り立つ社会を軍事型社会，異質性が大きくなり各人が自発的に協力することで成り立つ社会を産業型社会と呼んだ．社会は，「軍事型社会から産業型社会へ」と進化する．進化に適応できないものは滅び，適応できるものが生き残ることになる．スペンサーはこのような進化の法則を主張し，個人に対する国家の干渉に反対した．

3　後発国ドイツのマルクスとエンゲルス

マルクス（Marx, K.）は，エンゲルス（Engels, F.）とともに，社会学のみならず，経済学，哲学，政治学といった学問領域，そして現実の政治や社会運動にさまざまな影響を与えた．とりわけ，社会主義や共産主義という思想と運動にこの2人は巨大な足跡を残した．社会学も，反対するにせよ与するにせよ，彼らの議論を意識しないわけにはいかなかった．

彼らの議論には，3つの源流があるといわれる．①ドイツの哲学者ヘーゲルの観念論的弁証法という哲学，②アダム・スミスらイギリスの古典経済学，③サン＝シモンらフランスの空想的社会主義である．これらをもとに，マルクス主義あるいは科学的社会主義といわれる思想が形成された．

マルクスとエンゲルスによる『共産党宣言』が出版された1848年には，フランス2月革命により社会主義者も参加した臨時政府が誕生した．この革命はヨーロッパ全域に波及し，各地で自由主義的な改革や民族自立運動が展開

された．ドイツは英仏よりも産業革命が遅かったうえ，19世紀前半，いまだに統一国家を形成できておらず，経済的にも政治的にも遅れているとみなされていた．マルクスとエンゲルスは，先行する英仏両国の変化を踏まえながら，資本主義の分析とその将来を論じたのである．

(1) 疎外論

マルクスの初期のノート『経済学・哲学草稿』(1844頃) では，「疎外」という考え方が展開された．何よりもまず，人間は「類的存在」として把握される．これは，人間は社会を形成し，社会においてしか生きられない存在であるということを意味する．そして人間は「労働」を通して類的存在となる．ここでいう「労働」とは，賃金を稼ぐための仕事を指すのではなく，人間と世界とのかかわりという広い意味で用いられている．

「フォイエルバッハに関するテーゼ」(1844頃) で彼はこういう．「人間の本質は，個々の個人に内在する抽象物ではない．人間の本質とは，現実には，社会的諸関係の総体である」．すなわち，「精神」といった抽象的なものではなく，具体的な世界とのかかわり，社会とのかかわり方において人間を把握しようとしたのである．

疎外という考え方は，もともとはヘーゲルという哲学者のものであった．人間がその本質を外部につくり出し，その自らつくり出したものが人間に対してよそよそしいものとなり，逆に自らと矛盾するものとなる，という考え方である．マルクスはこれを批判的に援用し，人間が生み出した資本主義というシステムが逆に人間に敵対する状況を生み出している，とした．

マルクスは指摘する．資本主義社会にあっては，労働者は，① 自然あるいは労働の対象から疎外されており，② 労働という活動から疎外されており，あるいは自己疎外されており，それゆえ，③ 類的存在から疎外されており，したがって，④ 人間の人間からの疎外が起こっている，と．

(2) 史的唯物論

マルクスとエンゲルスは，物質的な経済的生産のあり方と生産関係のあり方が人間精神のあり方を規定すると考えた（『共産党宣言』）．そして，生産力と生産関係のあり方の矛盾とその止揚として歴史をとらえた．それを史的唯物論（唯物史観）という．彼らによれば，歴史は，アジア的生産様式（原始共産制）→古代的生産様式（奴隷制）→封建的生産様式（農奴制）→ブルジョア的生産様式（資本制）→共産主義社会という段階を経て発展する．経済的な生産力が上昇すると，生産のあり方が従来のあり方と矛盾をきたし，新たな段階へと移行するという歴史観である．

そして，政治や法律や宗教や人々の意識，イデオロギーなど（上部構造）は，生産力と生産関係（土台）を反映し，その時代の社会関係を正当化するものと位置づけられた．社会全体はこの土台と上部構造の組み合わせとして把握され，社会構成体と名づけられた．

(3) 資本主義の分析としての『資本論』

マルクスの最大の著作は『資本論』(1867-94) である．資本主義社会のメカニズムを解明しようとしたものである．古典経済学が自明としていた私有財産，商品，貨幣といったものを分析することで，資本主義社会における生産関係が分析された．商品と貨幣から始まり，貨幣の資本への転化，剰余価値の生産，資本の蓄積と分析は進んでいく．古典経済学が自明とした，資本が利潤を生み，土地が地代を生むということを不思議なこととみて，それ自体を分析対象としたのである．

マルクスは，消費すればするほど価値を生み出す不思議な商品に注目する．労働力という商品である．労働者が生み出した価値と彼の労働の価値にはずれがある．そのずれが「剰余価値」であり，資本がそれを取得する．資本主義とは，資本による剰余価値の「搾取」によって成り立っているシステムなのである．

マルクスの議論は20世紀の社会主義運動の理論的支柱となった．高度に発達した資本主義社会は，生産力が発展するがゆえに，逆に資本主義的な生産様式が足かせとなり，新たな発展段階を導くと考えたのである．こうした指摘は，今日の大量生産，大量消費社会に対する批判にも通じる．

20世紀，ロシアを始めとしいくつも社会主義国家がつくられた．だが，実際に「革命」を経て社会主義政策を採用した国は，高度に発達した資本主義国ではなく，むしろ発達途上にある国々であった．1990年代初め，多くの国々で社会主義政権が崩壊し，今日，社会主義とは何であったのかが問われている．しかし，とりわけ，高度に発達した資本主義社会と人間の関係を考えるとき，マルクスの議論はいまだに無視できない価値をもつ．

第3節　学問としての社会学の成立

コント，スペンサー，マルクスらは，個人ではなく社会をとらえるまなざしを確立した．しかし，彼らの時代の社会学は，他の社会科学と未分化であり，大学というアカデミズムの世界において固有の学問領域として認められていなかった．社会学がその方法を確立したのは，19世紀の終盤である．以下で，その貢献者の議論を紹介する．

1　デュルケム

デュルケム（Durkheim, É.）は，ユダヤ教のラビ（律法学者）の家に生まれたが，その道を選ぶことなく高等師範学校に進学し，主に哲学を学んだ．1887年，ボルドー大学の講師となり，以降，社会学の方法を確立することに努めた．1898年『社会学年報』を創刊，この雑誌を中心にデュルケム学派と呼ばれる社会学者の集団が形成され，多くの研究が蓄積された．

(1) 『社会学的方法の規準』

『社会学的方法の規準』(1895) では，社会学の方法が論じられた．社会はそれ自体として研究されるべきであり，社会は個人に還元できない一種独特の実在であるという．たとえば，水は酸素と水素の結合で成り立っているが，酸素や水素をどんなに分析しても水についてはよくわからない．同様に，社会は社会という水準で対象化しなければならない．デュルケムのこうした主張は，方法論的集合（全体）主義と呼ばれる．

そのうえで，デュルケムは，社会学の固有の研究対象を社会的事実であるとした．すなわちそれは，「個々人の意識のうえに強制的な影響をおよぼしうるという固有の性格において認識されることのできる，行為もしくは思考の様式」であり，個人に外在し，個人を拘束するものである．そして，社会的事実を「もののように」考察せよと説く．

たとえば，私たちの時間感覚も社会的事実である．1年は12に分割され，7日間を1単位として社会生活は営まれる．だが，時間の区切り方はこうである必然性はない．デュルケムは，私たちがあたりまえにしていることや考えていることを研究対象とする学問として社会学を打ち立てたのである．

(2) 『社会分業論』

デュルケムも近代化という社会変動に着目し，『社会分業論』(1893) では，分業の進展が近代化の特徴だと論じた．前近代的な社会は機械的連帯にもとづく社会であり，環節社会とも呼ばれる．ミミズのような単純な生物が，前後に連なるほぼ同じ環節からできているように，前近代の社会は，同じような労働をする個人が単純に結合し，自ら完結し，外部と連帯する必要がない．

しかし，人口が増加し，交通や情報が発達し，社会それ自体が拡大すると，分業が進む．そこでは個性を備えた人々が異なる労働をするがゆえに，相互に有機的に連帯しなければならない．それが近代社会である．また，デ

ュルケムは，分業の展開にしたがい，神という聖なるものは弱化し，かわって個人の人格が聖なるものとして崇拝されるようになる，と予言した．

「機械的連帯から有機的連帯へ」という社会変動をよくあらわすものが法律である．機械的連帯の社会では，法律は全体の秩序を守るため，個人を抑止する刑法が中心である．有機的連帯の社会では，個性的な個人間の調整が要請され，関係を復元する商法や民法が中心となる．

個人の人格が社会的連帯のあり方に左右されると考えるデュルケムは，社会を個人から生ずるものとして説明できない，と主張する．たとえば家族愛のような感情も，親族関係の社会組織から生ずる心理であるという．個人の心理的要因による社会的事実の説明を退け，心理的事実は社会的事実の延長にすぎないとする考えを，社会学主義と呼ぶ．

(3) 『自殺論』(1897)

きわめて個人的な行為と思われる自殺を，デュルケムは統計を用いて社会的な要因によって説明した．自殺率が国や地域，職業や宗教など社会的属性によって異なることに注目したのである．彼は自殺の類型を示し，社会と個人のかかわりを示した．

第1の類型は自己本位的自殺である．配偶者をなくした人は未婚者より自殺率が高く，未婚者は既婚者より自殺率が高い．個人主義的な傾向の強いプロテスタントの信者はカトリックよりも自殺率が高い．この結果を一般化すると，社会的な統合が弱まることによって自殺率が高まる，という命題が得られる．デュルケムは，社会統合の弱化を近代社会の問題とみなした．近代化は個人化を押し進め，家族や宗教的な共同体の絆が希薄になる．個人が孤立したときに生じるのが自己本位的自殺である．

自己本位的自殺と対になる類型が集団本位的自殺である．集団が個人に忠誠心を求めるような，社会統合が強すぎる状況で生じる自殺である．たとえば軍人の殉死，宗教的な殉死などである．

第3の類型はアノミー的自殺である．これは，アノミー，すなわち欲望の無規制という近代社会の特性から生じるものである．近代における人間の地位や収入への欲望は無限定であり，満たされるということがない．それゆえ，近代人は無限の苦悩を背負わされており，それが自殺の原因となる．商工業はアノミー状態が慢性的であり，その人々の自殺率は農業者のそれよりも高い，という統計がその論拠として示された．

　第4の類型は，宿命的自殺であり，アノミー的自殺と対となる．これは理論的な可能性としてのみ言及された類型であり，欲望の規制が強すぎるために生じる自殺である．

　デュルケムは，自殺の統計から社会を分析する2つの軸を導き出した．1つは，社会統合の強弱であり，もう1つは欲望の規制の強弱である．具体的なデータから抽象的な分析概念を導き，そこからまた具体的な現象を観察する往復運動という学問スタイルは，社会学の貴重な財産となっている．

(4)　『宗教生活の原初形態』

　『宗教生活の原初形態』(1912)　では，宗教のもっとも原初的な形態と考えられたトーテミズムを取り上げ，それを心的なものではなく，社会的なものとして考察した．同時にこの著作は「カテゴリー」の研究でもある．時間や空間を分割し，有意味なものとするカテゴリーが，社会の起源として分析された．

　トーテミズムは，それぞれの部族を相互に区別し，世界の中に位置づけるカテゴリー様式として把握された．すなわち，社会と人間を分類し，秩序だてるための思考の様式がトーテミズムなのである．社会は，社会がそれ自体についてつくるカテゴリーによって構成されている．デュルケムはそうしたカテゴリーは本質的に「集合表象」であるとする．

　宗教はさらに重要な区別を社会にもたらす．聖なる時間と空間である宗教生活と，日常的な世俗生活である．この区別を行う実践が宗教的な儀礼であ

る．聖なるものと俗なるものの分割が，集合的な道徳を活性化し，社会を社会として成立させている．

2 ジンメル

　ジンメル（Simmel, G.）は，デュルケムと同年にベルリンでユダヤ系の商人の家庭に生まれた．ベルリン大学で哲学博士となったが，ユダヤ人という出自のため大学人としては不遇であり，生涯の多くを私講師として過ごさざるをえなかった．

　しかし，ジンメルの社会学は，その後の社会学に大きな影響を与えた．シカゴ学派（第2章を参照のこと）の創設メンバーであるスモール（Small, A.W.）は，ベルリン大学でジンメルと出会い，のちに『アメリカ社会学雑誌』にジンメルの論文の翻訳を掲載していく．同じくシカゴ学派のパーク（Park, R.E.）も，ジンメルに師事した．

(1) 相互作用としての社会

　ジンメルの社会学の特徴は，社会を，人と人，人と集団，集団と集団との相互作用の結晶としてとらえた点にある．社会のとらえ方には，社会を1つの実体とみなす見方（社会実在論）と，社会とは名称にすぎず実在するのは個人のみであるという見方（社会名目論）とがあったが，ジンメルは，これら2者とは違う立場を示した．個人や集団が取り結ぶ相互作用として社会をとらえるという立場である．

(2) 形式社会学

　したがって，社会学の課題は次のように設定される．文法が言語の内容ではなく形式を抽出したものであるのと同様に，個人や集団の相互作用の形式を抽出し記述すること．それゆえ，彼の社会学は形式社会学と呼ばれる．

　目的や意義は異なっても，人々の織りなす関係の形式の同一性を抽出する

ことができる.「支配, 従属, 競争, 模倣, 分業, 党派形成, 代表, 対内的結束と対外的閉鎖の同時性など」(ジンメル 1917＝1979 p.39) である. たとえば, 医者による患者への, 教師による生徒への, 夫による妻への, 大企業による下請けへの, と内容は異なっても, 支配という形式を抽出することができる. 内容と形式を分離し, 相互作用の形式(＝社会化の形式)を抽出することが社会学独自の仕事であるとし, 内容を対象とする他の社会科学とは区別される特殊科学として社会学を位置づけた.

具体的な事例としてジンメルは,「社交」をあげた. 社交的社会こそ純粋な「社会」であり, そこでは「勝利への意思, 交換, 党派の形成, 奪取の意思, 偶然の邂逅や別離のチャンス, 敵対関係と協力関係の交替, 陥穽や復讐」(ジンメル 1917＝1979 p.81) といった社会化のさまざまな形式を見い出すことができるという.

(3) 社会圏の交錯：近代社会のなかの個人

ジンメルは『社会的分化論』(1890) で, 近代社会における人々の個性について論じた. 近代社会は, さまざまな職業や地位に社会が分化し, それにともなって個人は複数の集団に属するようになる. 家族, 親族, 地域社会, 宗教, 職業, 職業上の部署, 国家, その他の社交的団体などである. 個人の所属集団が多くなればなるほど, 同じ集団の組み合わせをみせる他者はいなくなり, 個別化の可能性は無限に増大する. つまり, 人間が「個性」的になっていくのである.

さまざまな社会圏の交錯する点としての個人は,「解放が更に進んで, ……諸個人が相互に区別されることを欲するようになる」(ジンメル 1917＝979 p.122) という. 現代社会において多くの人々が「個性的でありたい」と願っているという現象が, 100年前のジンメルによってすでに指摘されているのである.

3 ヴェーバー

ヴェーバー（Weber, M.）は，デュルケムと並ぶ社会学の巨人である．社会学者としてだけでなく，経済学者としても知られる．

ドイツの地方都市に生まれたヴェーバーは，ジンメルの6歳下であり，ほぼ同時代に生きた．父は亜麻布業を営む地方名士の家系で，ヴェーバーはその家業のあり方が産業革命により変化していく様をみて育った．ハイデルベルク大学に進学し，主に法学を学ぶが，のちに経済学的な関心が強くなっていき，経済の歴史的な研究を数多く発表していく．ヴェーバーの社会学は，社会と経済との関係を主題の1つとしていた．彼は，社会学のみならず経済学や法学にもわたって，今日の社会科学全般に対して大きな足跡を残したのである．

(1) 社会科学の方法：価値自由と理念型

ヴェーバー（1904）は，社会科学のあり方として価値自由を，方法として理念型を論じた．人間の営みを扱う社会科学は，自然科学と異なり，価値にかかわらざるをえない．では，「客観的」な科学であるためには，価値は研究から排除され，常に「中立」でなければならないのだろうか．彼は，「否」と論じる．中立的であることは「客観的」であることではない．必要なことは，認識（「であること」）と価値判断（「あるべきこと」）を峻別し，両者の緊張関係を維持することである．価値は，社会科学から排除されるべきものではなく，読者と自己に常に鋭く意識されるべきものとされた．このことを価値自由という．

ヴェーバーは，史的唯物論を論敵としており，社会現象や文化現象は経済によって制約されるが，逆に経済を制約するものでもあると考えた．また，歴史的，社会的な文脈を無視した心理学的な公理にも反対した．認識の前提となる概念は，すべて歴史的に拘束されており，何らかの価値を前提とせずには成り立たない，と主張した．

こうした立場にもとづいて，歴史認識や社会科学の方法として提示されたのが理念型である．それは，暫定的に特定の視点から構成された人為的概念であり，そこから歴史や社会を把握しようとする．たとえば「キリスト教」という理念型が構成される．もし，中世西欧社会に理念型としての「キリスト教」的でない部分が見い出されるのであれば，「理念型は，まさしくそれ自体の非現実性を露呈することによって，その論理的な目的を果たしたといえる」（ヴェーバー 1904＝1998 p.139）のである．

(2) 理解社会学

ヴェーバーは社会学を「社会的行為を解釈によって理解するという方法で社会的行為の過程および結果を因果的に説明しようとする科学」(1922) と位置づけた．

彼のいう行為とは，主観的意味の含まれる行動を指し，社会的行為とは，行為者の主観的意味が他者の行動と関係し，それによって左右される行為を指す．ヴェーバーは，主観的意味と他者への志向性という2つの要素からなる行動を，社会学の対象としたのである．

ヴェーバーは，社会的行為を以下の4つに分けた．① 他者の行動を予想し，その予想を自分の目的の条件や手段とする目的合理的行為．② 結果を度外視した，行動そのものの倫理的，美的，宗教的な価値のための行為である価値合理的行為．③ 直接の感情や気分による感情的行為．④ 身に付いた習慣による伝統的行為．

こうした社会的行為の意味を理解し，それを通じて現象の因果を説明しようとする科学として，彼の社会学は構想された．意味を扱うという点に社会学の独自性を見い出しつつ，科学であるのだから因果を扱うという主張に，社会学の方法を確立しようとする意図をみてとれる．ヴェーバーが示した方法を理解社会学と呼ぶ．それは，個人の動機理解を分析の出発点に据えるため，方法論的個人主義の典型とみなされる．

(3)『プロテスタンティズムの倫理と資本主義の精神』

『プロテスタンティズムの倫理と資本主義の精神』(1905)は，理解社会学の方法を用いた研究であった．すなわち，人々の行為の主観的意味およびその連関を理解することを通して，近代資本主義の成立を因果的に説明しようとする試みである．と同時に，同書は歴史を「合理化」の過程としてとらえるという問題意識が展開されており，彼の社会学の代表作と目されている．

資本主義，すなわち営利活動が貨幣と結びついている経済体制は，中国にもインドにも，古代にも中世にも存在した．しかし，自由な労働を効率的に組織する企業の合理的な営利活動を通して貨幣が調達されるような資本主義は，近代西欧においてのみ発達した．ヴェーバーは，近代資本主義の成立を，それに適合的に行動するような精神的な構え（エートス）である「資本主義の精神」の形成過程の分析を通じて理解しようとしたのである．

資本主義の精神とは，「時は金なり」というベンジャミン・フランクリンの説教にみられるような，勤勉に質素に生業に励み，時間や約束を遵守する態度である．利潤の追求それ自体を人生の目的と考え，自分の職業を神から与えられた義務（「天職（使命としての職業）」）としてひたすら禁欲的に打ち込んだ中産階級が，資本主義の精神の担い手であった．

そうした精神を育んだのはプロテスタンティズム，とりわけカルヴィニズムの予定説であるとヴェーバーはいう．予定説とは，神が来世で誰を救うかは予め決められている，とする教義である．被造物である人間に神の予定を知るすべはない．教会や儀式によって赦されることもない．したがって，人は，孤独に神と向かわざるをえない．

カルヴィニズムにおいては，人が「救われる」という確証を得られるのは，神が使命として与えた職業労働にひたすら励むことによってだけである．この教義によって，かつて修道院の内部だけに存在した禁欲的態度は，日常生活にも求められるものとなった．この世俗内禁欲が，資本主義の精神の源である．宗教的な情熱が去った後にも，労働を義務とし節制と蓄財を貴

いものとするエートスは残り，それが資本の蓄積を促進した，というのがヴェーバーの説明的理解である．営利を否定し清貧を是としたプロテスタンティズムの倫理が逆説的に，営利をきわめて合理的に追求する近代資本主義を生み出したのである．

生活の全般的合理化がもたらすであろう近代資本主義社会の行く末を，ヴェーバーはきわめて悲観的に描いた．近代的経済秩序は諸個人の生活スタイルを決定する，当事者自身が気づかぬ「鉄の檻」である．そこでは労働の意味，人生の意味はあらためて問われることはなくなる．やがて出現するのは「精神のない専門人，心情のない享楽人」であろう，と予測した．

(4) 支配の社会学と官僚制論

ヴェーバーの合理化への関心は政治的支配の領域にも及んだ．それは，支配の社会学や官僚制論として展開された．ウェーバー（1956）は支配を，ある内容の命令を下した場合，特定の人々の服従が得られる可能性と定義する．支配には2種類ある．利害状況による支配，つまり経済的な取引に典型的な支配と，権威（命令権力と服従義務）による支配である．彼が研究の対象としたのは後者であり，とりわけ服従する側の主体的な意欲に着目した．

ヴェーバーは，支配がいかなる正当性の信念によって根拠づけられているのかを基準に，支配を3つに類型化した（支配の3類型）．第1は，制定された合理的規則によって正当化され，合理的規則に対する服従がなされる合法的支配．官僚制がその典型である．第2は，伝統の神聖さによって正当化され，人格的権威に服従がなされる伝統的支配．家父長制がその代表である．第3は，支配者のもつ非凡なものへの情緒的な帰依であるカリスマ的支配．予言者や英雄に対する服従である．

ヴェーバーは，合法的支配の形態である官僚制を近代社会の問題として取り上げた．官僚制とは，以下の特徴をもつ支配様式である．① 規則によって系統づけられた権限，② 官職階層制・審級制，官庁相互の上下関係の体

系，③ 文書による職務遂行，④ 専門的訓練を前提とした職務活動，⑤ 全労働力の要求，⑥ 法律学や行政学など習得可能な規則にしたがって行われる職務．

　近代化とともに，官僚制的な支配の広まり，すなわち官僚制化が進行する．その決定的理由は，官僚制が技術的に卓越していることである．つまり，精確さ，迅速さ，明確さ，持続性，統一性，費用の節約等に関し，他の支配より優れているのである．そのため，社会のあらゆる領域，たとえば軍隊，大学，工場が官僚制的に編成される．

　このような，政治的支配の領域における官僚制化の全面的な進行というヴェーバーの議論は，世界的な合理化（正確には形式合理化）という問題関心から展開されたものである．しかし，後にアメリカの組織論研究者たちは，ヴェーバーの官僚制論を古典的な組織論の学説とみなして批判した．つまり，官僚制の非能率的な側面を見落としているというのである．彼らが主張する官僚制の負の側面は，「官僚制の逆機能」としてマートンによってまとめられた（第2章および第9章を参照のこと）．

第2章 社会学の発展

> **キーワード**
>
> シカゴ学派，シカゴスタイル，主意主義，構造-機能主義，AGIL図式，中範囲の理論，フランクフルト学派，知識社会学，ラディカル社会学，批判的社会学，意味学派，シンボリック相互作用論，ドラマツルギー，現象学的社会学，エスノメソドロジー

第1節　シカゴ学派

1　都市化するアメリカと深刻化する社会問題

19世紀後半，アメリカでは産業化と都市化が急激に進行し，20世紀を迎える頃には，大都市を中心とした産業社会に変貌していた．

産業化の過程で形成された典型的な大都市に，シカゴがある．ミシガン湖南西岸に位置するこの都市は，19世紀前半には人口4,000人ほどの小さな交易地にすぎなかったが，その後，アメリカの中西部と東部を結ぶ物流の拠点として，また工業都市として，急激な発展を遂げた．移民が続々と流入し，19世紀末には人口100万人を突破し，1930年には人口330万人もの大都市となったのである．

しかし，急速な都市化は数多くの社会問題を引き起こした．新移民を中心とした低賃金労働者によるストライキは，しばしば血なまぐさい事件をともなう大争議へと発展し，人種問題，貧困問題も深刻化した．また，ギャング

のアル・カポネでも知られているように犯罪都市としても名を馳せることになった.

こうした状況を改善すべくセツルメントなどの社会改革運動が盛んになったが,同時に,問題の解決のためには,社会運動だけでなく,実態を正確に把握し,分析する必要も求められるようになった.

2 シカゴ大学の創設

(1) 設立の目的とシカゴ学派の社会学者たち

そのような状況で,1892年ロックフェラーがその富を投じて創設したのが,シカゴ大学である.創設の理念は,既存のアカデミズムにとらわれず,より自由で実践的な研究を行うことであったが,それは以上に述べたような当時の気運を反映してのものであった.

ここに,スモール(Small, A.W.)を学部長とし,ヘンダーソン(Henderson, C.),ヴィンセント(Vincent, G.),トマス(Tomas, W.I.)らが加わった世界初の社会学部が誕生し,アメリカの社会学をリードすることになる.これらシカゴ大学の社会学者たちは,のちに「シカゴ学派」と呼ばれるようになった.

シカゴ学派の研究者は,スモールらの第1世代に始まり,パーク(Park, R.E.)とバージェス(Burgess, E.)を中心とし,モノグラフ研究のショウ(Shaw, C.R.)アーバニズム論を提唱したワース(Wirth, L.)らが活躍した第2世代,さらに,ヒューズ(Hughes, E.C.)や,シンボリック相互作用論の命名者のブルーマー(Blumer, H.G.)らの第3世代に分類される.

シカゴ学派は,調査研究だけでなく社会と個人の相互の影響をテーマとする社会心理学も発展させた.ミード(Mead, G.H.)は哲学部で教鞭をとっていたが,独自の自我論を展開し社会心理学の基礎をつくった.彼の問題意識の根底には,社会改革を可能にする人間像の模索があった.自分たちのフィールドが何であれ,目の前にある問題を解決しようという共通の強い意志に支えられ,シカゴ学派は発展していったのである.

(2) シカゴスタイル

シカゴ学派は,「シカゴスタイル」と呼ばれる独自の研究法を確立した.その特徴はというと,徹底したフィールドワークによる経験的研究を行い,その成果をモノグラフにまとめたことにある.調査者自身が調査対象と生活をともにして観察を行う参与観察法や,日記・手紙などの個人的ドキュメントの分析,それらにインフォーマル・インタビューを組み込むなど多様な方法を用いて彼らのフィールドワークは進められたのである.

理論的な分析視点にも,共通の特徴がある.彼らは,社会的相互作用の動態,すなわち社会過程に着目して社会を把握しようとした.そこにはドイツへの留学経験をもつパークらによってもたらされた,ジンメルの理論の影響もみられる.

さらに,シカゴ学派は,パース (Peirce, C.S.) が創始したプラグマティズムの思想を共有していた.それは,何が真理であるかは,論理上の真偽よりも,実践上の有効性にかかっているという思想であり,自己のコントロール能力を高め,社会進化,発展に寄与することを目指すものであった.

3 多様な研究

(1) ポーランド移民の適応過程の研究

当時,アメリカには多くの移民が流入していた.彼らは新世界アメリカに適応しようと苦しんでいた.トマスがズナニエツキ (Znaniecki, F.W.) と共同で著した『ヨーロッパとアメリカにおけるポーランド農民』(1918-20,第2版1927) は,ポーランドからの移民が葛藤に出会いながら新しい暮らしを作りあげようと努力していった過程を描いたものである.

ポーランド移民は,アメリカに定着していく過程で,母国で培ってきた規範や規則,コミュニティなどの解体を経験せざるをえない.社会解体は犯罪の温床ともなったが,これを克服して新しい環境に適応し,コミュニティや自らの意識を再組織化していく人々も多い.

そうした適応過程をたどるために,彼らは個人的ドキュメントを多数用いた.手紙,自伝などの生活史,新聞記事,裁判記事,社会福祉機関や教区教会の資料などである.個人の経験を説明したこれらのドキュメントを調べることによって,社会生活の参加者としての個人の行為が明確になると考えたのである.この方法は,シカゴスタイルに大きな影響を与えることになる.

(2) 人間生態学

シカゴ学派は,パークとバージェスを指導者とした第2世代になると黄金期を迎えた.パークは,「都市:都市環境における人間行動研究のための指針」(1916)で,人間の共同生活が営まれる空間に作用する諸力とその相互作用,さらにそれによって形成される秩序の様態を記述する人間生態学を提唱した.彼は都市を「人間性や社会過程を有効にしかも有利に研究できる」場所として,「実験室」と呼んだ.バージェス(1925)は,人間生態学の観点からシカゴの地域構造を同心円地帯理論に図式化し,フィールドワークの指針を提示した.ワース(1938)のアーバニズム論は,人間生態学的な都市の理論である.

(3) 逸脱や社会問題への視点

さまざまな社会問題の発生したシカゴゆえに,犯罪や非行,逸脱の研究も盛んだった.代表的なものに,ショウ(1930)の非行少年の研究がある.彼は非行少年の収容施設に身を置き,少年の手記を手がかりにして,犯罪の過程や更正の困難さなどを描き,非行の原因が少年個人に内在するだけではなく,社会環境の側にもあることを指摘した.

ホームレスの研究には,アンダーソン(Anderson, N.)の『ホーボー』(1923)がある.彼は,「ホボヘミア」という底辺の労働者の居住する地域で,簡易宿泊所に住み込み,日常生活をともにした.そこで収集したデータをもとにホームレスの現状のみならず,安定した生活から切り離された彼らの揺れ動

く心情も明らかにしていった．

4　第3世代へ

パークは，各種の群集行動や社会運動などを，相互作用によって人々に共有された衝動にもとづく集合行動として把握し，社会学の研究対象に位置づけた．都市はその各種の集合行動の舞台でもあった．集合行動論の定式化にさらに努めたのが，シカゴ学派第3世代のブルーマーである．ブルーマーは，シンボリック相互作用論の基礎を形づくった研究者であるが，この理論については後述する．

シカゴ大学は一大思想共同体を構成し，一時期はアメリカの社会学をリードした．が，やがて以下で紹介するハーバード大学やコロンビア大学などの社会学者の研究が注目され，社会調査においては統計的方法が重視されるようになると，次第に勢力を弱めた．しかしシカゴ学派の問題意識や方法論は，ゴッフマン（Goffman, E.）やベッカー（Becker, H.）らに引き継がれ，彼ら独自の研究を生み出していったのである（ゴッフマンについては本章で後述．ベッカーについては第13章を参照のこと）．

第2節　構造-機能主義の成立

1　アメリカ社会学の新しい潮流

第1次世界大戦後，アメリカは世界経済の中心となったが，繁栄の陰には多くの矛盾も形成され，ついに1929年の「ブラックマンデー」を機に大恐慌に突入した．

世界が不安定な時期を迎えたとき，アメリカ社会学には，シカゴ学派とは異なる潮流が生まれつつあった．デュルケムや文化人類学者マリノフスキー（Malinowski, B.K.），ラドクリフ=ブラウン（Radcliffe Brown, A.R.）らの機能主義の影響を受けた「構造-機能主義」である．それは，西欧社会学を

1960年代まで席巻する理論となった．この構造-機能主義をシステマティックに発達させた人物が，ハーバード大学のパーソンズ（Parsons, T.）である．

2　パーソンズの理論

パーソンズは，幾多の矛盾を露呈した近代資本主義社会を目の当たりにし，経済学の枠を超えて社会学の視点からトータルに資本主義社会を分析することを志した（中野 1999 pp.10-18）．その理論は，主意主義的行為理論から社会システム理論の拡充を経て，AGIL 図式へと結実していく．

(1)　主意主義的行為理論

パーソンズは，経済学における功利主義的な人間行為観を批判する．なぜなら，まず，功利的な行為が成立する前提として，判断の基準，すなわち規範となる一定の価値観を人間が内面化していることを，経済学的行為観は見落としているからである．また，功利主義的な人間観からは，「万人の万人に対する闘争」の状態が導き出され，安定的な社会秩序の成立を説明できないからである．

パーソンズは，「社会秩序はいかにして可能か」という問題を，ホッブズ（Hobbes, T.）が『リヴァイアサン』（1651）で提起した「ホッブズ問題」と名づけた．彼は，ヴェーバーやデュルケム，パレートなど西欧の社会科学の古典を研究し，この問題に取り組んだ．

パーソンズは『社会的行為の構造』（1937）で主意主義的行為理論を提起し，ホッブズ問題に次のような解答を与えた．すなわち，人間の社会には共有された価値の体系が存在しており，人々は社会化の過程でその価値を内面化する．人々は，共有された価値を遵守するという意志をもっており，あらゆる制約にあっても，主体的に選択された意志にもとづいて行為する．換言すれば，共有された価値体系が規範として人々の行為を制御し，相互の行為

を予測可能にすることによって，社会秩序は成立しているのである．

(2) 構造-機能分析

一見個々別々に行われている行為は，規範に依拠した行為であり，それゆえ行為の相互作用は結果的に秩序を保ちながら1つのまとまったシステムを構成していると考えたパーソンズは，さらに，社会システムの詳細な分析に着手する（『社会体系論』1951）．その理論的な柱が，構造-機能分析であった．

社会は，多くの要素が複雑に結びついたシステムとしてとらえられる．諸要素（変数）は相互に影響を及ぼしあって，最終的に安定した均衡状態を保つ．システムのなかで比較的安定している関係のパターンが構造である（システムと構造については第5章を参照のこと）．そうしたシステムの維持のために必要な各要素の活動を機能という．機能を現実に担うのは，比較的安定した「制度的実体としての構造」である（富永 1984 p.264）．そのため，社会システムを分析する際には，構造の分析と機能の分析が連動することになる．ゆえに，このような社会の分析方法を構造-機能分析と名づけた．この分析視角は，構造分析と機能分析を統合する理論としては構造-機能理論と呼ばれ，立場としては構造-機能主義と呼ばれる．

さらに，パーソンズは，社会システムが存続するために充足されなければならない機能要件を4つに特定した（パーソンズ・スメルサー 1956）．すなわち，A (adaptation, 適応)，G (goal-attainment, 目標達成)，I (integration, 統合)，L (latency, 潜在性) であり，社会システムにはこの4機能を充足する構造が形成されるのだという．この分析図式は，AGIL図式と呼ばれる．

(3) 理論の受容と批判

社会システムの普遍的な説明図式の提示を目指すパーソンズの理論は，多くの社会学者に受容され，影響を与えた．しかし，1960年頃から，抽象的である，システムの均衡を重視するため構造変動を説明できないのではない

か，あるいは闘争や分裂などの意義を軽視している，価値の共有の強調は現状肯定の保守主義ではないかなどという多くの批判が寄せられるようになった．そこでパーソンズの理論の見直しが行われるようになったのである．

3 マートンの理論

ハーバード大学でパーソンズに学び，コロンビア大学の教授を務めたマートン（Merton, R.K.）は，社会学は，社会調査における個別の作業仮説と壮大な一般理論との間が分断された状況にあると考えた．そこで，当面は，限られた範囲に適合する「中範囲の理論」の構築を社会学者は目指すべきだと主張した．

マートン（1949）にとって機能主義は，「変数間の諸関係を明瞭に定式化した形で検証できるように述べ」られた社会学理論を構築するための有効な分析視角であった．そして彼は，機能分析を全体社会のみならずさまざまな下位システムにも適用すべきだと考えた．

マートンは，機能の概念を当事者の活動の意図とは切り離して，「システムの適応ないし調整を促す観察結果」と定義した．また，システムに積極的な効果をもつ（正）機能とは逆の，「システムの適応ないし調整を減ずる観察結果」としての逆機能の概念も提示した．逆機能はシステム存続の危機をもたらすが，それにより社会変動が生じる場合もあるのである．

さらにマートンは，当事者に認識されている結果を顕在的機能，認識されていない結果を潜在的機能と分類した．これにより，人々の社会的行動には，パーソンズが前提とするように意識的に動機づけられている場合もあるが，人々が認知していなくとも何らかの行動や結果が生じる場合もあることを示し，「行為の予期せぬ結果」など，新たな分析視点を提示したのである．

マートンは，こうした機能分析の枠組みを，準拠集団論，アノミー論，官僚制論など多様な分野の研究に実際に応用し，多くの研究業績を残している．

第 2 章　社会学の発展　31

第3節　フランクフルト学派の批判理論

1　ナチスの台頭

　パーソンズが留学先のハイデルベルグ大学で博士号を取得した1927年，ドイツではヒトラーの率いる国家社会主義ドイツ労働者党（ナチス）が，勢力を急激に伸張させていた．1933年，ついにヒトラーは政権に就き，ワイマールの精神を駆逐し，ドイツ社会のみならず学問の世界にも弾圧を加え始めた．

2　フランクフルト社会研究所

(1)　暗い時代に生きた研究者たち

　当時，ドイツのフランクフルト大学の社会研究所には，ホルクハイマー（Horkheimer, M.），アドルノ（Adorno, T.W.），マルクーゼ（Marcuse, H.），フロム（Fromm, E.），ベンヤミン（Benjamin, W.）らが所属していた．マルクス主義に関心をもつユダヤ系商人の資金援助を得て1923年に設立されたこの研究所は，30年にホルクハイマーが所長に就任して以降，マルクス主義的な独創的な研究業績で有名になった．この時期にフランクフルト社会研究所に属していた研究者たちは，フランクフルト学派第1世代と呼ばれる．

　多くがユダヤ系であった彼らは，ヒトラー政権樹立後，亡命を余儀なくされ，ベンヤミンのように逃避行の途中で自殺の道を選ばざるをえない者も出た．しかし，彼らは受難のなかに身を置きながら，同時代の批判的分析に取り組むという強い精神ももっていたのである．

(2)　批判理論

　フランクフルト学派は，マルクス主義を西欧の先進資本主義社会の状況に柔軟に適用し，フロイト（Freud, S.）の精神分析の理論も取り入れるという手法を用い，多様な研究を行った．ホルクハイマーは，自らの立場をマルク

スの『経済学批判』(1859) を受け継ぐ批判理論と呼んだが,これはこの学派に共通の呼称となった.

彼らがフロイトの理論を取り入れたのは,社会現象を分析するにあたって人間の心理や無意識までを視野に入れる必要性を感じたためである.たとえばフロム (1941) は,フロイトの精神分析的性格学から社会的性格論を導き出し,ナチズムを熱狂的に支持した下層中産階級に権威主義的性格が共有されていたことを指摘している.

(3) 啓蒙の弁証法

啓蒙とは理性による秩序の構築であり,人々を中世の束縛から解放するものである.だが,啓蒙されたはずの西欧近代社会が,現実にはナチス台頭により危機に陥ってしまった.なぜ,人々は新しい野蛮状態を許すのか.ホルクハイマーとアドルノは,『啓蒙の弁証法』(1947) でこの問題を探究した.彼らは,啓蒙は確かに進歩をもたらし自然支配のための道具となったが,それは支配が人間自身にも向かう過程だったとし,理性が招いた近代の野蛮状態を批判した.

フランクフルト学派第1世代は,フランスの構造主義などに影響を与え,現在ではハーバーマス (Habermas, J.) ら第2世代が活躍している(ハーバーマスについては第3章を参照のこと).また,この学派の問題意識は,後にラディカル社会学へと受け継がれた.

3 マンハイムと知識社会学

ハンガリー出身のマンハイム (Mannheim, K.) は,社会研究所に属しておらず,フランクフルト学派の一員ではないが,フランクフルト大学で社会学を講義し,知識社会学の提唱者でもある.知識社会学とは,知識の発生,機能,影響,妥当性などを社会的条件と関連させて分析する研究分野である.

マンハイムは,『イデオロギーとユートピア』(1929) で,あらゆる知識は

社会的基盤に拘束されている，つまり存在被拘束性をもつと主張した．だが同時に，特定の社会の具体的な歴史的状況から産出された部分的な知を厳しく検証し，全体的な視野から相互連関させることで，局部的な知ではなく妥当な認識に到達できると考えた．彼はこのような相関主義を提唱し，その実践の担い手として，自らの存在被拘束性を反省的に吟味できる「自由で浮動的なインテリゲンチャ」に期待したのであった．

第4節　ラディカル社会学

1　危機意識の噴出と異議申し立て運動

1960年代，先進産業社会では消費社会化が進行し，人々の生活は豊かになっていった．しかし同時に，管理社会化の進行や泥沼化したベトナム戦争などに，現代社会のさまざまな抑圧性や暴力性を感じとり，人々の危機感も強まっていた．

1968年5月，フランスでは，パリ大学ナンテール校の学生たちが，大学の管理体制への抗議運動を起こし，それに呼応した多くの学生や労働者が自由と平等と自治を掲げてゼネストを行い，警官隊と繰り返し衝突した（5月革命）．5月革命は，フランスの体制批判だけでなく，現代の政治・経済システムへの異議申し立てという性格を帯びていた．この異議申し立て運動は世界各地へと広がっていった．

2　社会学の告発とラディカル社会学

1960年代のアメリカでは，ベトナム戦争への反戦運動や軍産複合体の支配するアメリカ資本主義体制への批判，黒人差別の告発，多様なマイノリティ・グループの解放運動などを対象にさまざまな運動が沸き上がった．

こうした運動に参加していた多くの若い社会学徒は，その批判の目を次第に社会学そのものにも向けていった．彼／彼女らは，体制維持に貢献するよ

うな理論や調査研究を批判し，知識は具体的な実践のなかで実現すると考え，自分自身を実践的主体として自己変革しようと試みた．このような社会学の潮流は，ラディカル社会学と呼ばれた．それは，「何のための知か」と自らに問いかけ，学者でありかつ市民でもある自己の二重性を，理論と実践の過程で反省的にとらえていこうとする運動であった．彼／彼女らは，ミルズ（Mills, C.W.）らの批判的社会学や，フランクフルト学派の批判理論に学びつつも，実践を通じて自らの主張をつくりあげていった（高橋 1987 pp.117-194）．

3 ミルズの批判的社会学

当時コロンビア大学で教鞭をとっていたミルズは，自著『社会学的想像力』（1959）で，パーソンズの構造-機能主義を「誇大理論」として批判した．ミルズからみるとパーソンズは形式的で不明瞭な概念体系の整理に没頭し，結果的に具体的な現実の問題から目をそらしてしまうことになるというのである．

またミルズは，統計分析の専門家による社会調査を，「抽象化された経験主義」という言葉で批判した．統計手法を用いやすい微細な事柄に研究課題を自己規制して，社会学が問題とすべき社会構造の歴史的変動を無視しているというのである．また，そうした技術を身につけた専門人が，現代社会の管理機構の「知能管理者」や「調査技術者」となっていることも批判的に論じている．

彼は，社会学的想像力という言葉で，個人の生活に対して歴史的な状況がもつ意味を理解することの必要性を強調した．構造-機能主義や統計的な実証主義にはこの想像力が欠如しているため，個々人の生活構造や将来を見通すことも，現実の危機や不安から脱出することもできないでいる．

ミルズにとって，社会学とは現状を改革できるような理論の形成とその実践であった．その信念のもと，彼はアメリカ社会の批判的分析を行ったので

ある．

4　一次元的人間

フランクフルト学派のマルクーゼは，1934年にアメリカに亡命し，ここで生涯を過ごすことになった．祖国を離れた彼は，アメリカという高度に発達した産業社会において，進展している人間の抑圧を鋭く批判した．彼の思想は，1960年代の学生運動に大きな影響を与えていった．

テクノロジーに媒介された社会は，諸個人の欲求の充足を可能にしたが，欠乏からの自由は，人々から思想の自立性や自治の権利，政治的反対の権利を奪い，社会を現状維持へと向かわせる．また，管理社会において人々は社会に対する想像力を失い，そこに存在している二次元的な対立や緊張関係を見出す力を喪失し，批判精神をもたない「一次元的人間」となってしまっている．このような状況を，マルクーゼ（1964）は克明に描いたのである．

5　自己反省の社会学

ラディカル社会学運動は，実践のあり方をめぐる意見の対立などで混迷化していった．グールドナー（Gouldner, W.E.）の『西欧社会学の危機の到来（日本語訳書の題名は『社会学の再生を求めて』）』（1970）は，混迷状況の脱却の試みだった．彼は，従来の社会学は保守的だったが，その理論は解放性ももちえる，新しい理論は新しい実践を通して可能になる，と考えた．

また社会理論は，しばしばイデオロギーとはかかわりのないものと考えられているが，実は社会的世界における自分の位置についての知識を離れては成立しない．研究者が扱う現実は，自身の解釈や経験を通して構成されている．社会学者はそのことを鋭く認識し，自己を変革しなければならないという．そうした「自己反省の社会学」を実践することにより，人間解放に向かう社会改革の道を探ろうとしたのである．

1960年代に発生したラディカル社会学運動は，70年代に入ると下火になっ

た．しかし，それが提起した問題の重要性は，現在でも失われていないのである．

第5節　意味世界と相互行為へのまなざし

　人間は，自分自身と他者とが相互にかかわりあう世界を生き，またその世界を意味づけながら生きている．そうした相互行為と意味世界との関連に焦点を当てる社会学理論が，構造-機能主義への批判の高まりとともに，1960年代に注目されるようになった．そのような理論を総称して意味学派と呼ぶことがある．

　こうした理論的関心の動向は，当時の時代状況も背景としていた．異議申し立ての噴出により，変革主体としての人間のありようへの関心が高まったのである．また，現代における多様な抑圧の存在が顕在化したことにより，人々の「常識」が改めて問い直されるようになったのである．

1　シンボリック相互作用論：ミードとブルーマー

　シカゴ学派の1人として数えられるミードは哲学者であったが，独自の自我論やコミュニケーション論を展開し，社会学に大きな影響を与えた．

　ミードによれば，自我は，シンボルに媒介されるコミュニケーションを通して複数の他者の多様な期待を取り入れ（役割取得），それらを「一般化された他者」の期待としてまとめ上げるなかで形成され，発達する．また，自我は固定的なものではない．問題状況が起こったときには自分自身とコミュニケーションを行い，自我を再構成させて問題を克服していく．ミード（1934）は，社会の進歩を人間が問題を解決して新しい環境に適応していく過程だと考え，それが可能な人間像を描いた．

　こうしたミードの考えを引き継いだのがブルーマーである．ブルーマー（1969）によれば，人間は，他者の行為や状況の意味を自己との相互作用に

より解釈し，その解釈にもとづいて自らの行為を主体的に組織できる存在である．また社会は，人間のこうしたシンボリックな相互作用からなり，常に変化の過程にあるものとしてとらえられる．その方法論的立場は，シンボリック相互作用論と命名された（シンボリック相互作用論については第4章を参照のこと）．

2 ゴッフマンのドラマツルギー

日常の相互行為を詳細に分析した社会学者に，ゴッフマン（Goffman, E.）がいる．彼が着眼したのは，人々がともに居合わせている場面における秩序がどのようにして成立しているかということであった．人々は，状況にふさわしいとされる行為をし，その相互行為の場面の秩序を保とうとする．ゴッフマンは，対面的相互行為に参加する人びとをパフォーマー（演技者）とオーディエンス（観客）に，そして日常生活を舞台に見立て，パフォーマーとオーディエンスが協働して秩序を維持する様子を，「印象操作」「役割距離」「表局面／裏局面」「儀礼的無関心」など独特の用語で詳細に記述した（ゴッフマン 1959, 1961）．

3 シュッツの現象学的社会学

シュッツ（Schutz, A.）は，日常的な社会生活における意味現象を分析した社会学者である．フッサール（Husserl, E.）の現象学を生活世界の解明のために適用し，現象学的社会学の第一人者として知られている．

シュッツにとって社会とは，人々の「自然的態度」において意味づけられた世界である．人々は日々の生活のなかで，目前の世界の存在を自明のものとみなしている．こうした自然的態度において，他者と相互作用しながら間主観的に構成されているのが日常生活世界であり，その構造を理論的に把握することがシュッツの取り組んだ課題であった．人々は，夢や想像の世界など多元的な現実（リアリティ）を飛び越えながら生きているが，日常生活世

界で経験する現実は他と比べて基礎的な地位を占めていることから「至高の現実」と呼ばれる（シュッツ 1970）．

4　エスノメソドロジー

シュッツの影響を受けたガーフィンケル（Garfinkel, H.）によって創始され，広義の現象学的社会学に加えられるエスノメソドロジーとは，社会的現実を組織するために人々が用いる方法（エスノメソッド）に注目する研究分野である．

ガーフィンケル（1967）は，社会的現実はアプリオリにあるものではなく，人々の日常的な活動（言ったりしたりすること）を通して遂行的に生み出されるものだと考えた．そして，そうした日常の具体的な場面での現実の産出，すなわち現実の局所的達成において人々が使う手続きを記述しようとした．その手続きを解明するための1つの方法として，会話分析（相互行為分析）が後に取り入れられた．

コラム

日本の社会学の成立と展開

「昭和のはじめ，私が東京大学の文学部社会学科にはいったころには，社会学は新興の科学ではあったが，同時に曖昧な中途半端な学問―いわば，哲学と経済学の中間のようなものと見られていた」と戦後日本の代表的な職業社会学者，産業社会学者である尾高邦雄（1968）は述べている．

欧米においてすら，社会学がアカデミックな学問分野として認知されたのは19世紀末から20世紀初頭の頃だったことを考えると，それは当たり前のことかもしれない．だが，「社会」という言葉自体が存在しなかった日本で社会学の意義の理解を得ることは，より困難だった可能性がある．

「社会」は，明治の初期に「ソサエティ」の訳語として作られた新しい言葉である．共同体の解体により析出した個々人からなるソサエティの実体が形成

されるよりも前に，言葉が輸入された．そのため，この言葉が一般化するには時間がかかった．その過程で「社会」は，秩序を攪乱するもの，雑多なものといったニュアンスを帯びて用いられたりもした（石田 1984 pp.45-51）．

日本で初めて社会学の講義を行ったのは，1878年に東京大学に招聘された「お雇い外国人」のフェノロサ（Fenollosa, E.F.）であった．彼は，スペンサーなどを取り上げて，「世態学」の名で社会学を講じた（小笠原 2000）．

その後，1896年に，「社会学の原理，社会主義，社会問題等」の「攻究」を目的とした「社会学会」（河村 1975 p.187）が結成されたが（98年に「社会主義研究会」がつくられると解散した），このことは，「社会学と社会主義はともに社会改良のための理論として社会問題の解明に寄与するものと」考えられていた（河村 1975 p.185）ことや，産業化による社会問題の発生が認識されるようになったことを示している．1893年には，松原岩五郎が『最暗黒の東京』を，1899年には横山源之助が『日本の下層社会』をそれぞれ刊行した．

1893年に帝国大学（東京大学）に社会学の講座が設置され，1903年には同大学に社会学研究室が開室されるなど，世紀の変わり目の頃には，日本の大学においても，社会学の教育，研究の体制が徐々に整備されるようになった．

初期の日本の社会学者が行った研究の中心は，外国の理論の紹介やそれを敷衍した「有機体」論的学説の展開であった．この時代の「有機体」論的社会学者の代表的存在は，東京帝国大学の建部遯吾である．彼は，国家主義的な「国家有機体」説を主張した．他方，京都帝国大学の米田庄太郎は，タルド（Tarde, J.G.），スモール，ギディングズ（Giddings, F.H.）など，海外の最新の学説を紹介した．建部と米田はともに「日本社会学院」を創立した．

大正期になると社会有機体説から離脱する動きが生まれた．ギディングズなどの影響を受けた遠藤隆吉は，心理学的社会学を展開した．彼は総合社会学である社会有機体説は固有の対象を確立できないがゆえに，社会学の科学としての方法論も未確立だと考え，個別の対象を扱う社会学の必要性を説いた．

さらに，米田庄太郎の指導を受けた高田保馬は，1919年に大著『社会学原理』を著した．これは，特殊社会科学としての社会学の立場を鮮明にした画期的な業績であった．高田は，戦前の代表的な理論社会学者であるが，彼は社会の本質を，人間の「望まれたる共存」であるという「結合定量の法則」を導き出し，社会構造や変動などの理論的な説明を行った．

そして，1920年代以降，松本潤一郎，新明正道，田辺寿利，戸田貞三，有賀喜左衛門，鈴木栄太郎，奥井復太郎，磯村英一，清水幾太郎，尾高邦雄らによって，理論，家族，農村，都市，社会心理学，職業など多様な分野で，さまざまな理論研究や実証研究がなされるようになったのである．

第3章 現代の社会学

> **キーワード**
>
> コミュニケーション的行為，生活世界とシステム，複雑性，オートポイエシス，構造主義，言説分析，ハビトゥス，文化資本，構造化，構造の二重性，二重の解釈学，ネオ機能主義，合理的選択理論，モダニティ，リスク社会，個人化，再帰的近代化，ポスト伝統社会，流動的近代

はじめに

　パーソンズ以後の社会学理論の領域では，ミニ・パラダイムが乱立する多元的状況が生み出された．だが，そうした状況を乗り越えて，社会の全体像を把握しようとする新たな試みもあらわれた．そのなかで，1980年代には，ドイツのハーバーマス（Habermas, J.）とルーマン（Luhmann, N.），フランスのブルデュー（Bourdieu, P.）と，イギリスのギデンズ（Giddens, A.）という，ヨーロッパの4人の理論家の仕事に注目が集まることになる．また，アメリカではネオ機能主義や合理的選択理論などの理論的アプローチが登場した．

第1節　現代の社会学理論の趨勢

1　社会学理論における2つの立場

　社会学理論には社会をどのようにとらえるのかによって，対立する2つの立場が存在した．1つは，社会は諸個人の意図的で有意味な行為によって構

成されるとする立場である．典型的には，ヴェーバーの立場がそうだといえる．もう1つは，社会は独自の存在であり，個人にとって外在的で行為を拘束するものであるとする立場である．こちらはデュルケムにより代表されるだろう．いささか図式的に解釈すれば，機能主義や構造主義，あるいは現象学的社会学やシンボリック相互作用論，エスノメソドロジーなどの意味学派も，その2つの立場のどちらかに分類することができるだろう．すなわち，従来の諸理論は個人と社会を対立的にとらえ，どちらかを他方に対して優越させる傾向があったのである．これは，伝統的には個人と社会の問題と呼ばれるものである．

　パーソンズの理論は，こうした問題を解決しようとする試みだったといえる．すなわち，彼はその行為システム論によって，個人と社会を対立させることなく統一的に把握しようとしたのだ．だが，その試みは必ずしも成功したとはみなされず，彼の理論は社会に傾斜したものとして分類される．パーソンズの理論を批判した意味学派は人々の行為の意味に注目したが，結果としてマクロな社会現象への関心は失われた．問題は解かれることがなかったのである．

2　新しい社会理論における理論的課題

　1970年代の理論の多元的な状況のなかで，ヨーロッパにおいて，個人と社会の問題は，行為と構造の問題，あるいは主観主義と客観主義の問題に形を変えて浮上した．行為と構造の問題とは，行為が構造を作るのか，あるいは構造が行為を規定するのかという理論的な問いである．また，主観主義と客観主義の問題とは，社会的行為の理解において行為者の主観的意味を重視するのか，あるいは社会制度などとの関連において行為の客観的意味を重視するのかという方法論的な問題である．

　それとパラレルな形で，アメリカにおいては，行為や相互行為のようなレベルから社会現象を説明しようとするのか，あるいは行為に還元できないと

される全体のレベルから個人レベルの事象を説明しようとするのかという，ミクロとマクロの問題が理論的な課題となったのである．

先にあげた4人の理論家は，そしてネオ機能主義や合理的選択理論は，それぞれ異なったやり方でそれらの問題に挑戦したものとみなすことができる．それらの理論の特徴は，行為と構造，主観と客観，あるいはミクロとマクロを対立するものとする見方をやめ，一方を他方に還元することを避けようとすることである．あるものはそもそも両者の区別を虚偽のものとしてその区別自体を認めようとしないし，またあるものは両者の区別を認めたうえでそれらをリンク（接合）しようと試みる．いずれにしても，それらの理論は，両者を相互規定的な関係にあるものとして概念化しようとするのだ．

これらの理論的試みが登場して以後，それらに匹敵するようなものはあらわれていない．だが，それらとて，かつての機能主義がそうであったような，大きな学派を形成しているわけではない．むしろ，本章6節で述べるように，1990年代以降の社会学理論の関心は，社会の一般理論の構築よりも，より直接的に「モダニティ（近代性）」の解明に向けられるようになったのである．

第2節　機能主義の批判的継承

パーソンズの衣鉢を継いだのは，意外にもアメリカ本国ではなく，ドイツの2人の社会学者であった．彼らは，いわゆる意味学派（意味学派については第2章を参照のこと）が提起した意味の問題を摂取しつつも，それぞれまったく違った立場からパーソンズ理論をさらに発展させて独自の理論を作り上げた．

1　ハーバーマスと批判理論

現代ドイツの哲学者・社会学者で，アドルノ，ホルクハイマー以後のフラ

ンクフルト学派（フランクフルト学派については第2章を参照のこと）第2世代を代表するのがハーバーマスである．ハーバーマスはフランクフルト学派の批判理論を引き継ぐが，第1世代と違って，近代のポテンシャルを信じる．つまり，近代を「未完のプロジェクト」であるとして，近代の再構築を目指すのだ．そうした課題を担って提出されたのが「コミュニケーション的行為の理論」である．

　ハーバーマスは，近代の可能性を，道具的合理性（目的合理性）に対置されたコミュニケーション的合理性に見い出す．コミュニケーション的合理性とは，言語による相互了解の方法にもとづいた合理性のことである．こうした相互了解にもとづく合理性こそが，規範や道徳の領域にかかわることができるのだという．

　彼は，社会的な相互行為を，道具的合理性にもとづく戦略的行為とコミュニケーション的合理性にもとづくコミュニケーション的行為に分類する．そして，コミュニケーション的行為と戦略的行為に対応した形で「生活世界」と「システム」という社会の二層概念が提示される．生活世界とは人びとが日常生活を営み，言語を通したコミュニケーションによって相互に了解することで構成される場である．それに対して，システムとは権力や貨幣を媒介とした戦略的行為によって再生産されるものである．そして，「システムによる生活世界の植民地化」というテーゼが唱えられる．道具的理性というシステムの論理が，対話的理性にもとづいた生活世界の領域にまで侵食することこそ，近代の病理にほかならないのだ．では，それをいかに克服することができるのか．

　ハーバーマスは，理想的発話状態という概念を導入する．理想的発話状態において人々がコミュニケーションをとったすえに合意に達し，それによってコミュニケーション的合理性にもとづいた社会秩序が達成される，と考えるのだ．理想的発話状態とは，合理的に思考することができる諸個人がいっさいの支配や抑圧から免れて発言することができるような状態のことであ

る．つまり，各人が何者にも制約されず，自由に発言するというわけだ．むろん，ハーバーマスも，そうした状況が経験的なものとしてあるといっているわけではない．仮想的なものとしてそうした状態について述べている．そして，そうした理想化されたところから導き出されるものによって，現に流通している規則・規範の妥当性を問題にしようとしたのだ．理想的発話状態において話し合われることは，支配や抑圧からのがれて合理性を確保しているがゆえに，ある意味で諸個人のそれぞれの利害をも超えた，社会全体にとって公正な結論を導き出すことができる，と考えられるのである．

　こうしてハーバーマスは，システムによる生活世界の植民地化に抗する可能性を追求した．近年，社会科学の諸領域で「公共性」が大きなテーマになっているが，ハーバーマスの理論は，それらの議論に対して準拠点を与えている．

2　ルーマンと社会システム理論

　パーソンズ以後，パーソンズ理論の重要な要素である，機能主義と社会システム論をもっともよく発展させたのがルーマンである．ルーマン理論の特徴は，システム論に「意味」を大胆に取り込んだことにある．ルーマンにあって社会システムとは意味連関のシステムのことであり，社会システムの構成要素はコミュニケーションであるとされる．

　では，社会システムはいかにして成り立つのか．ルーマンは「複雑性の縮減」という考え方を提示する．複雑性とは，実現されたものの背後に，潜在的な可能性としてとどまっているものが存在するということである．複雑性とは多数の選択可能なものの総体のことなのだ．そのような複雑さは行為者の処理能力を越えている．そこで，社会システムが「複雑性の縮減」という課題を引き受けることになる．社会システムは，多様な可能性のなかから実現を期待できる選択肢を限定し，そのことによって本来的に不確定なコミュニケーションを連接し，自らを維持することを可能にしているというのだ．

こうした基本的なアイデアは変わらないにせよ，のちにルーマン理論は変貌を遂げる．彼は「オートポイエティック・システム理論」を展開する．オートポイエティック・システム理論は，もともとチリの神経生理学者であるマトゥラナ（Maturana, H.R.）とヴァレラ（Valera, F.）によって構築された理論である．オートポイエシス（autopoiesis）とはギリシア語から作られた造語であり，オートは自己を，ポイエシスは制作を意味する．要するに，オートポイエティック・システムとは，自らを構成する要素をシステム自身が創り出し，それによってシステム自体が再生産されるシステムのことである．彼らは生命システムの本質に迫る過程でこのようなアイデアに至ったのだが，ルーマンは，社会こそまさしくこのような性質をそなえているシステムであると考えた．社会とは，自己準拠的にコミュニケーションを連続的に産出し続けることで作動するシステムなのである．ルーマンの理論は，コミュニケーションに照準することによって，行為と構造，主体と客体の二元論を乗り越えようとするものなのだ．

　ルーマンの理論はきわめて難解であり，激しい毀誉褒貶にさらされた．日本ではルーマンの受容は比較的早くから進められたが，彼の死後（1998），その理論の影響はドイツや日本のみにとどまらず，ようやく英米圏にも及びつつある．

第3節　構造主義の影響

　フランスで生まれた構造主義は，実存主義やマルクス主義に取って代わる流行思想になった．静態的な前近代社会（冷たい社会）ではなく，きわめて動態的な近代社会（熱い社会）をその研究対象とするがゆえに，社会学において構造主義はその適用が難しい面があり，必ずしも大きな地位を占めることはなかった．とはいえ，1970年代に社会学を学び始めた世代からは，構造主義やポスト構造主義の影響が確実に浸透しており，無視することはできな

い存在である．構造主義思想のなかでも，とりわけフーコー（Foucault, M.）が社会学に対して与えた影響はきわめて大きい．

1 レヴィ=ストロースと構造主義

　構造主義の創始者は，フランスの文化人類学者であるレヴィ=ストロース（Levi-Strauss, C.）であるといってよい．彼はソシュール（Saussure, F.），ヤコブソン（Jakobson, R.O.）らの構造言語学や，フランスの社会学，とりわけデュルケムの流れを汲むモース（Mauss, M.）に影響を受けて，構造主義を展開していった．

　構造主義はその名が示す通り，構造の概念が鍵となる．それは，構造-機能主義の構造概念，あるいはより一般的に社会学者が用いる社会構造の概念とはかなり異なっている．従来の社会学においては，構造は実在する安定的な社会関係のパターンとして，観察可能な経験的レベルで考えられていた．それに対して，レヴィ=ストロースは，観察可能な現象の背後に，直接的には観察することのできない構造を見い出そうとしたのである．というのも，彼の関心は社会制度の背後にある無意識の精神構造を確認することにあったからだ．私たちは主体として自由にふるまっているかのようにみえて，実のところ，そうした構造が私たちの行動を規制している，とレヴィ=ストロースは考えたのである（構造については第5章も参照のこと）．

　レヴィ=ストロースのいう構造は，相互に関連した諸要素からなっており，諸要素間の関係はシステムをなしている（システムについては第5章も参照のこと）．つまり，ある要素が変化するならば，それにともないすべてが変化するのであって，要素はシステムという全体との関係においてのみ理解される．こうした諸要素間の関係としての構造は，たとえ要素間の関係が変換されたとしてもその同一性を保っている．つまり，一見したところまったく異なった現象に，同じ構造を見い出すことができるのだ．

　たとえばレヴィ=ストロースは，さまざまな部族の表層的には異なってみ

える婚姻規則を分析し，その深層に同型的な構造を発見した．彼はさらに，トーテミズムや神話の研究を行ったが，そうした研究を通じて，いわゆる未開社会の人々の思考も，文明人の思考と同じ意味で論理的であると主張したのである．

　構造主義が多くの人々を魅了したのは，その「主体の脱中心化」と，ヨーロッパ中心主義に対する批判意識である．主体というものの存在を超越論的におくことこそヨーロッパ近代の思考を特徴づけるものであり，人間が主体であるとされることによって近代社会が生み出されたのだ．レヴィ＝ストロースは，さまざまな文化の背後に構造を見い出すことによって，人間中心主義，そしてヨーロッパ中心主義的な立場を乗り越えようとしたのである．

2　フーコーと言説分析

　フーコーは，ある時代を支配する認識の構造と，その構造の歴史的変化を批判的に解明しようとした．そして，犯罪や狂気，身体，セクシュアリティといったテーマを論じるなかで，監獄や病院などの近代の制度がいかに出現してきたのかを分析した．

　フーコーは一貫して知と権力の問題を取り扱った．フーコーにとって，権力とは人が所有するようななにものかではなく，人と人の関係のなかで作用するものである．こうした権力は日常生活のいたるところに偏在しており，人々の態度を形成するように言説を通じて作用する．言説とはある対象について語られた何ものかであるが，それは知というものの具体的な表れである．ここで権力と知が結びつく．知は，人々を管理するための力となる．近代的な主体も，権力によって生み出されたものにすぎないというわけだ．そこで彼は，そうした知がいかにして生み出され展開してきたのかを，知を組織してきた言説の分析を遂行することによって明らかにしようとする．それが「知の考古学」と呼ばれるものである．フーコーの言説分析においては語る主体が問題にされるのではない．そうではなくて，そうした言説が生み出

され，機能する歴史的条件が分析されるのだ．

　たとえば，フーコーは『狂気の歴史』（1972）において，狂気に関する言説の変化を跡づけた．近代以前には，精神異常は狂気とはみなされていなかった．だが近代において，精神異常は医学の言説によって狂気として作り出された．そして，こうした言説は，医学にかかわる専門家や組織によって支えられ続けている．

　フーコーは，歴史的資料の読解を通じて過去を調べ上げることによって，私たちが自明視している事柄が近代においていかに作り出されてきたものであるのかを明らかにした．フーコー自身は構造主義者とみなされることを嫌ったが，こうした日常的な認識の構造を記述するという方法は確かに構造主義的であるとみることもできる．彼は哲学者・歴史家であって，必ずしも社会学者ではなかったが，言説分析という方法も彼が取り上げたテーマも，社会学において幅広く受容された．とりわけ，歴史社会学や構築主義への影響はまことに大きい．

第4節　機能主義，構造主義から構造化へ

　一方で，機能主義や構造主義における主体や時間の取扱いに批判的であり，他方で構造の存在を十分に考慮していない主観主義的な社会学にも満足できず，独自の，しかしよく似た理論を作り上げ，ルーマンやハーバーマスに並ぶ存在として国際的に知られているのがフランスの社会学者ブルデューと，イギリスの社会学者ギデンズである．彼らは構造化という過程に注目し，行為か構造かという二元論的対立を克服することを試みる．

1　ブルデューの実践の理論

　ブルデューは，人類学者として出発し，のちに社会学に転じた．単に社会学者というにとどまらず，現代フランスを代表する知識人でもあった．ブル

デューは，人類学的研究に従事していたとき，必ずしもレヴィ＝ストロース流の構造主義でうまく説明できないことに突きあたり，それに不満を覚えた．行為者は構造の操り人形というわけではない．むしろ，行為者は構造に制約されつつも，状況に応じて戦略的にふるまうのではないのか，と．

　こうしてブルデューは，主観主義と客観主義の対立の克服に乗り出す．そのために彼は，ハビトゥスという概念を導入する．ハビトゥスとは構造と慣習行動的な社会的実践を媒介する内面化された諸性向の体系である．つまりそれは知覚・行動・評価の図式であり，予測不可能で絶えず変化していく状況にうまく対応することを可能にするような戦略を生み出すための原理である．そうした意味で，ハビトゥスは行為者の能動性を示すものである．他方で，ハビトゥスは所与の構造においてなされる社会化の所産であり，行為の受動性を示すものでもあるのだ．

　ブルデューは，主著『ディスタンクシオン』(1979) において，ハビトゥスと文化資本の概念を用いて，階級再生産における文化の作用を，調査データの分析を通じて見事に描き出している．ディスタンクシオンとは，差異化と卓越化を意味し，人々が，とりわけ上流階級の人々が，いかにして他の人々より自らを上に位置づけようとしているのかが問題とされた．それは経済資本によってのみなされているのではない．ある種の趣味・嗜好が上品なものとして正統化され，自己を卓越させる手がかりとなっているのだ．こうした趣味・嗜好は，一見，諸個人によって自由に選択されていると思われているが，実際には階級ハビトゥスを通じて獲得されていることを，ブルデューは明らかにした．そうして身につけた趣味・嗜好が文化資本として，階級の再生産に貢献している．経済資本と文化資本の総量たる資本量を縦軸に，経済資本と文化資本の比重からなる資産構造を横軸にして，さまざまな職業が位置づけられた社会的位置空間．趣味や消費といった日常的な慣習行動を当てはめた生活空間．その両者を対応させて，社会空間が構築される．このモデルに，差異化の原理が明確化されている．

ブルデューは文化的再生産論によって，社会の再生産において文化が果たす役割に注目し，そのメカニズムを解明しようと努めた．そうして構築されたのが，構造と行為を媒介するものとしてハビトゥスを設定した，生成的構造主義とも呼ばれる「実践の理論」である．

2 ギデンズの構造化の理論

ギデンズは当初から機能主義に対して批判的であった．他方で，現象学的社会学や解釈学的社会学にはある種の共感を寄せるものの，それらにも満足することはない．結果としてブルデューとよく似た独自の理論を構築していく．それは，構造化の理論と呼ばれる．

ギデンズは，「構造の二重性」という考え方を提示した．それは，構造が行為を拘束するものであるとともに，行為を可能とするものである，ということを意味する．要するに，行為と構造を二元論の対立する要素としてみるのではなく，それらを相互に補足する二重性としてみるのである．行為主体は所与の構造的条件のもとで社会を構成するが，構造によって規制されるだけでなく，構造を利用することよってそれは可能になる．また，構造は行為主体の行為を可能とするが，それは行為主体の行為を通じてのみ構成されるものでもある．つまり，行為と構造は相補的な関係にあり，反復的に作用しあっているのだ．

またギデンズは，「社会的事実をモノとして」研究することができるとしたデュルケムの『社会学的方法の規準』（第1章を参照のこと）に代えて，『社会学の新しい方法規準』（1976）を提起する．社会的事実をモノのように，あるいはすでに与えられた客体として扱うことはできない．社会的事実は，人々の活動から成り立っているものだからである．意味学派が主張するように，まずは，人々が社会的世界を組み立てるのに用いている意味の枠組みが問題とされなければならない．しかし，人々はいかなる条件からも免れてまったく自由に行為しているというわけではない．だから，そうした条件

を客観的に把握することも必要だろう．要するに，社会学者は，社会的世界を構成している人々がすでに理解している世界について理解しようと努めるという，「二重の解釈学」に従事することになるのだ．そしてまた，社会学者が社会的事実について明らかにしたことは，日常生活のなかに参入していき，ときには人々の行動を変えることになるだろう．

ギデンズは，社会生活をより具体的に把握することが必要だと強調する．その具体的なものは，固定化された構造ではなく，構造化という「過程」にある．人々は，先行する条件のもとで，構造に依拠しながら行為し，結果として構造を再生産（構造の維持ないし変換）しているのだ．二重の解釈学と構造の二重性という概念によって，行為と構造，主観主義と客観主義の対立を乗り越えること，これこそがギデンズの方法論のエッセンスである．

第5節　アメリカの動向

以上にみたのは，主にヨーロッパにおける展開である．パーソンズ以後の社会学理論の中心は，ヨーロッパに移ったのである．アメリカでは，パーソンズ以後，理論への関心は急速に失われ，計量的な調査研究が主流となっていった．だが，むろん，理論研究が途絶えてしまったわけではない．アメリカを中心として発展した理論的アプローチとして，ネオ機能主義と合理的選択理論をあげることができる．

1　アレグザンダーとネオ機能主義

1970年代まで批判の集中砲火を浴びせ続けられていたパーソンズの理論は，80年代になり見直しの動きが始まった．そうした動きのなかで，ネオ機能主義は登場してきた．それは，その名の通り，機能主義の刷新をもくろんだものである．ネオ機能主義は，特定の理論的アプローチというよりも，新しい理論を求める一種の運動である．それはドイツとアメリカを中心に展開

され，またパーソンズの直接の弟子などと，その孫弟子にあたる人々を含むものであった．その理論的立場をもっともよく代表しているのがアレグザンダー (Alexander, J.C.) である．彼はハーバード大学と，カリフォルニア大学バークレー校の大学院で，パーソンズの弟子であるベラーの指導を受けた．

　アレグザンダーは，忠実にパーソンズの理論を受け継ぐのではない．また，単なる修正にとどまるのでもない．パーソンズ理論を古典として自由に読み込み，大胆に再構成しようとするのである．その試みは，パーソンズの『社会的行為の構造』のごとく，マルクス，ヴェーバー，デュルケム，そしてパーソンズを検討した4巻本の『社会学の理論論理』(1982-4) にまとめられている．

　ネオ機能主義は，中期以降のパーソンズの社会システム論よりもむしろ，初期パーソンズの行為論を重視する．というのも，初期パーソンズに理論の多次元性を見い出し，それを高く評価するからである．初期パーソンズの主意主義は，ヴェーバー的な理念主義とデュルケム的な実証主義の総合であったはずだ．だが，パーソンズは結局のところ，理念や価値を重視し，規範論的偏向に陥ったとして，アレグザンダーはこれを批判する．パーソンズはまた，合意を重視し，コンフリクトを無視したとされる．ゆえに，社会変動の問題をうまく取り扱うことができないと批判される．アレグザンダーは，こうしたコンフリクト要因を考慮に入れようとする．さらに，ミクロの次元とマクロの次元を，一方を他方に還元するのではなく，両者をリンクするという方向に進むことによって，多次元的な理論を構築しようとするのだ．そのために，理論的にもイデオロギー的にも立場の異なる理論的アプローチとの対話も積極的に試みた．

　アレグザンダーはその後ネオ機能主義の終結を宣言し，より実質的な文化社会学の研究に関心を移しているが，それもまた，ある面で，パーソンズの継承であるのだ．

2 コールマンと合理的選択理論

　社会学にあって，かなり異端であるとみなされながらも，着実にその地歩を固めてきた理論的アプローチに合理的選択理論がある．合理的選択理論とは，人々の行為が合理的に選択されたものであるということを前提として，行為の結果として生じる社会現象を説明しようとするアプローチである．経済学は，自己利益の最大化を図る合理的な行為者というモデルから，多くの経済現象の解明に成功してきた．政治学は，経済学のそうしたモデルを政治過程に導入し，いまでは合理的選択理論はきわめて重要な位置を占めている．それは，やがて社会学にも波及することになる．

　社会学において合理的選択理論を1つの重要な学派にまで育て上げたのはコールマン（Coleman, J.）であるといってよい．コールマンは，教育社会学者，計量社会学者，そして数理社会学者としてすでに著名であったが，のちに合理的選択理論を体系化する仕事に取り組んでいった．それは大著『社会理論の基礎』(1990)として結実した．

　コールマンは，徹底した方法論的個人主義の立場に立つ（方法論的個人主義については第1章も参照のこと）．すなわち，何の制約もない，独立している合理的な行為者から出発する．そこから，社会関係，そして社会関係の集まりである行為システムについて説明する．コールマンにおいて，行為者は個人に限られない．それは団体にも拡張される．さらには，そうした団体行為者という概念によって，近代社会の社会構造が分析される．そして，一般均衡モデルを用いつつ，自らの理論を数学的に定式化もしている．

　コールマン，そして合理的選択理論は，ミクロな相互行為からマクロの社会構造へと関心を集中し，多くのことを明らかにしてきた．たとえば，個人の利己的な合理的行為が全体としては人々にとって望ましくない帰結をもたらす社会的ジレンマについての研究があり，それらは環境問題のような具体的な社会問題にも応用された．だが，その理論が展開されればされるほど，徹底的な方法論的個人主義を貫くことの難しさもまた露呈してきた．すなわ

ち，規範による個人の制約を積極的に認めざるをえなくなってきたのである．いまや合理的選択理論は，合理的な行為というミクロの次元と，規範的な制度というマクロの次元をリンクする方向に展開を試みている．

第6節　モダニティ論の興隆

　近年の社会理論の関心は，モダニティ論に傾斜している．1980年代には，モダンのプロジェクトは終わりを告げたとするリオタール（Lyotard, J.F.）に代表されるようなポストモダニズムの主張に対し，あくまでもモダンのプロジェクトを擁護しようとするハーバーマスらが批判を浴びせ，ポストモダン論争が巻き起こった．それを引き継ぐ形で，1990年代以降，社会学理論の領域では，現在の社会変容がポストモダニティへの移行であるのかどうかが問題とされ，ひいてはモダニティとは何かが根底的に問い返されることになった．

　そのなかでもっとも影響力をもったのが，ドイツの社会学者ベック（Beck, U.）とギデンズによって展開された「再帰的近代化」論である．また，バウマン（Bauman, Z.）もポストモダニティの理論家として国際的なスターとなった．

1　ベックとリスク社会

　ベックは1986年に『リスク社会』（邦題は『危険社会』）という著作を出版した．これは，社会学界のみならず，広範囲に読者を得て，非常に大きな影響を及ぼした．ベックは，現代社会をリスク社会と特徴づけている．すなわち，産業社会の段階である単純な近代化からリスク社会の段階である再帰的近代化へと移行しつつあるというのが，ベックの時代診断である．

　ベックの主張する産業社会からリスク社会への移行とは，社会のいかなる変化を意味しているのであろうか．その1つとして，産業社会が富の分配に

焦点が当てられていたのに対して、リスク社会においてはリスクをいかに分配するかが社会の大きな争点となることがあげられるだろう．リスクの分配は，もちろんある程度の階級的不平等をともなう．しかしながら，深刻なリスクはいかなる階級的位置にある人をも巻き込むという意味において，リスク社会は階級社会ではない．またそれは，特定の国や地域の人々にのみかかわることでもない．というのも，重大な帰結をもたらすリスクは国境を越えて拡散するからである．

　ベックの著作は，まさにチェルノブイリ原発事故と同じ年に出版された．こうした原発事故，あるいは地球温暖化にせよ，狂牛病にせよすべて，産業社会によってもたらされたものである．ベックによれば，現代社会は確かにわれわれに豊かで安心して暮らせる生活をもたらしたが，前近代社会とは異なった種類のリスクを生み出してもいる，という．現代社会がリスク社会であるというのは，単に以前よりもリスクが高度化したということではない．リスクの概念が，技術的専門家にとっても素人の日常生活者にとっても，社会的世界を組織する様式において基本的なものとなり，知識の再帰的組織化によって未来が不断に現在へと引き入れられるようになったという意味においてである．つまり，私たちは日々の生活でリスクを意識し，リスクにかかわることなくして，生活を営むことができなくなったのだ．

　そして，そうしたリスクの存在が，産業社会の制度的基盤を掘り崩していく．ベックにとって近代の再帰性（reflexivity）とは，近代を反省（reflection）することではなく，産業社会が意図せずして生み出した自己危害への対決を迫られることを意味する．伝統に取って代わって産業社会を安定させてきた性別分業や核家族や階級などの制度が崩壊を迎えつつある．再帰的近代化という段階においては，それらは新たに選びとられたり，作り直されたりしなければならない．したがって，リスク社会においては，人々は社会や制度の規制から解放されるという意味でより大きな自由を獲得するのだが，同時に，そうした個人化の進展において，人々はそのライフコース上において遭

遇するさまざまなリスクに自ら対処することを余儀なくされるのだ．

だが，ベックはリスク社会に対して必ずしも悲観的ではない．なぜならば，リスクの存在とともにさまざまな領域が政治化され，多くの人々が議論に参加していくことによって社会を作り変えていく可能性があるからだ．ベックはそこに希望を託している．

2 ギデンズと再帰性

ギデンズは，1980年代後半以降，モダニティ論を展開している．彼もまた，ベックと同様に，現在の社会変容をポストモダニティへの移行ではなく，近代がより徹底化された再帰的近代化ととらえる．

ギデンズは前近代と近代とを分かつ特徴を，近代のその極端なダイナミズムにみている．そうしたダイナミズムを生み出す近代の原理こそ，再帰性である．ギデンズのいう再帰性とは，日常生活におけるあらゆる営みが，その営みに関する新たな情報に照らし合わされて，絶えず修正されていくことを意味する．近代における再帰性は見境なく働くがゆえに，もはや確実な知識も，頼るべき根拠もない．それゆえに，再帰性は社会システムの再生産に参入し，際限なく社会システム自体を変えていくことになるのだ．そうした徹底した再帰性は，近代の出現を準備した啓蒙思想の，あらゆるものを疑うという態度によってもたらされた．

近代以前の社会において，人々の行為の前提として自明視されていた伝統もその例外ではない．もはや，伝統は伝統的なやり方において生き残ることはできない．伝統も，それが存在する根拠を問われることになる．伝統が消失したのではない．伝統も選びとられるものになったのだ．そうした意味において，私たちはポスト伝統社会に生きているということができるだろう．

こうして人々は，伝統のくびきから解き放たれる．いまやさまざまな情報を入手し，それにもとづいて行為を選択する．あらゆる事柄に関して人々には多様な選択肢が与えられるようになり，結果として自ら意志決定しなけれ

ばならない状況が生み出された．そうすると，セルフ・アイデンティティも自己準拠的なものとならざるをえない．つまり，諸個人は自分で自分を作り上げることを余儀なくされるようになったのだ．

では，このように私たちのコントロールが及ばない「暴走する世界」に，私たちはいかに対するべきなのか．ギデンズは，規範的政治論に向かう．そして，彼の処方箋が，左派と右派を越える「第三の道」の政治に関する議論として提示される．それは，現実の政治にもきわめて大きな影響を与えている（「第三の道」については第14章も参照のこと）．

3　バウマンとポストモダニティ

近年のモダニティ論において，もう１人の重要な理論家としてバウマンがいる．彼はアマルフィ賞を受賞した『近代とホロコースト』(1989) と，それに続くポストモダニティに関する一連の著作で，一躍国際的に知られることになった．

バウマンは，モダニティが目的合理性ないし効率性を推し進める過程で，モダニティの秩序におさまりきらないものを産出してきたことを明らかにしている．たとえば，『近代とホロコースト』では，合法的権力が強制手段を独占することによって暴力を封じ込めようとしたモダニティの試みにもかかわらず，逆説的にもモダニティこそがホロコーストのような凄まじい暴力を生み出したことを社会学的な分析によって解明した．

バウマンはさらに，現在生じつつある社会変容をポストモダニティとしてとらえ，その分析に向かう．バウマンにとっても，ポストモダニティはモダニティと根本的に異なった原理で編成されるものというより，連続したものである．『リキッド・モダニティ』(2000) においては，固体的近代から流動的近代への移行について論じ，ベックやギデンズの考えに接近している．

バウマンによれば，モダニティは，社会生活の隅々に至るまで，人々を規制し，管理しようとしてきた．だが，それは人々に対して，安全や確実性を

もたらすものでもあった．それに対して，いまやそうした秩序が崩壊しつつあるポストモダニティにおいては，一方で人々はより大きな自由を手にしたが，他方で不確実性や不安，恐怖にさいなまれることになる．人々のアイデンティティはきわめて不安定なものとなり，消費にその源泉を求めるようになる．つまり，何を買ったかによって自らの存在を確認するのだ．だが，だれしもが消費社会のゲームに参加できるわけではない．能力や資源をもたない人々は，社会的弱者として排除されていく．こうしたポストモダニティのあり方に対して，バウマンは厳しい批判の目を向けているのだ．

第4章 行為と集団の基礎概念

> **キーワード**
>
> 行為，行動，意図せざる結果，自己成就的予言（予言の自己成就），相互作用（相互行為），シンボリック相互作用論，地位と役割，鏡に映った自己，IとME（主我と客我），一般化された他者，ゲマインシャフト／ゲゼルシャフト，第1次集団／第2次集団，コミュニティ／アソシエーション，基礎社会／派生社会，準拠集団

はじめに

社会学の基礎概念には，個人や集団を対象にしたミクロのものと，社会全体のしくみを対象としたマクロのものがある．本章では，ミクロの基礎概念を紹介する．

第1節　行為の基礎概念

1　行動・行為・社会的行為

社会学では，人々のふるまいを行為と行動とに区別する．ヴェーバー(1922)によると，行為とは「単数或いは複数の行為者が主観的な意味を含ませている」活動であり，行動とは「主観的に考えられた意味を含まぬ，単に反射的とも言うべき」活動である．つまり，主観的な意味の有無が行為と行動との違いである（ヴェーバーについては第1章を参照のこと）．

さらに，行為のなかでもとくに「単数或いは複数の行為者の考えている意

味が他の人々の行動と関係を持ち，その過程がこれに左右されるような行為」を，ヴェーバーは社会的行為と呼んだ．

2 行為の4類型

ヴェーバー (1922) によれば，行為は，① 伝統的行為，② 感情的行為，③ 価値合理的行為，④ 目的合理的行為の4つに分類される．

伝統的行為とは，身についた習慣による行為のことである．条件反射のように無意識になされるので，前述した行為と行動の定義からすると，両者の境界線の近くに位置づけられる行為である．

感情的行為とは，直接の感情や気分による行為のことである．感情的行為もその多くは，行為と行動との境界線近くに位置づけられる行為である．だが精神分析でいう昇華のように感情の意識的発散として行われる場合には，価値合理的行為や目的合理的行為に近いものとなる．

価値合理的行為とは，その行為がもつ倫理的・美的・宗教的などの絶対的価値そのものへの，結果を度外視した意識的な信仰による行為である．価値合理的行為は，その行為の意味が，行為の結果ではなく行為そのものにあるという点が，感情的行為と共通している．しかし価値合理的行為は，行為の目標が意識的に明確にされ，それを目指して行為がなされるという点で感情的行為と区別される．

目的合理的行為とは，目的・手段・付随的結果を合理的に比較秤量したうえで方向を定められた行為である．目的合理的行為に際しては，他の人間や事物の行動について予想が立てられ，この予想が行為の条件や手段として利用されることになる．価値合理的行為では行為そのものがもつ独自の価値が焦点化されるのに対して，目的合理的行為は行為の結果が焦点化されるという点が決定的に異なっている．

この分類にしたがえば，ヴェーバーの『プロテスタンティズムの倫理と資本主義の精神』(1905) は，宗教改革期のカルヴァン派の信者たちがその教義

にしたがって勤勉で禁欲的な生活を営むという価値合理的行為が，時代を経て宗教的色彩が薄れたことによって，資本家たちが計画的に事業を運営するという目的合理的行為へと変容していくことを解き明かした研究だといえる．

3 意図せざる結果

上述したようにヴェーバーは，宗教改革期のカルヴァン派の信者たちが世俗内禁欲の教義にしたがって生活したことが，資本家の生活態度を育むことになり，結果的に，禁欲からは程遠いイメージがある資本主義が成立する原動力となったことを示した．このように，行為者たちの意図からはまったく予想のつかないような結果が生じることを，意図せざる結果という．この概念を提起したのはマートン（1936）である（マートンについては第2章を参照のこと）．

また，マートン（1947）は自己成就的予言（予言の自己成就）という概念も提起している．自己成就的予言とは，正しくない状況規定のもとに行為をした結果，正しくなかったはずの状況規定に合致するような状況が生じることである．この概念は「もしある人間が状況をリアルであると定義づけるならば，その状況は結果においてリアルになる」というトマス（Thomas, W.I.）の公理にもとづいたもので，マートンはこの概念によって，当時のアメリカの民族的人種的葛藤を深く立ち入って説明することが可能であると示唆した．

一方，自己成就的予言の反対を自殺的予言（予言の自己破壊）という．これは正しい状況規定をしたことによって，本来なされるはずのものとは異なる行為が引き起こされた結果，正しかったはずの状況規定に反する状況が生じることである．

ちなみに，自己成就的予言のメカニズムは，意図せざる結果が生じるメカニズムのヴァリエーションの1つである（佐藤 1991 p.28）．

4　行動主義・集団行動・集合行動

ここまで行為の諸概念について説明してきたが，ここで行動についての概念を補っておきたい．

現在の社会学では，行動は研究対象としての注目度があまり高くない．かつて，20世紀の初めには，心理学者のワトソン（Watson, J.B.）を中心とした行動主義心理学が社会学に影響を与えたこともあった．たとえば，ミードの『精神・自我・社会』（1934）からもその影響の跡を読み取ることができる（ミードについては第2章を参照のこと）．だがこの本でミードが自らの方法的立場を「ワトソンの行動主義とは異なり，……ありのままの社会状況の中でおこる人間個人の動作を強調するものである」と述べたように，あくまで批判的受容にとどまった．むしろ行動主義が現在まで影響を及ぼしているのは，心理学や行動科学に対してである．

社会学において，行動が行為ほどには研究対象とされない理由は，前述した行為と行動の区別から明らかなように，行動は主観的な意味をもたないからである．ただし，個人ではなく人々の集まり，つまり集団を行動の主体としてみなす場合には，その行動は集団行動や集合行動という概念を用いて考察され，研究対象として重要な意味を帯びてくる（集合行動についてはコラム「社会運動の社会学」も参照のこと）．

第2節　相互作用の基礎概念

1　相互作用・相互行為・社会過程

「相互作用」と「相互行為」は，どちらも英語では interaction である．英語のスペルからもわかるように，その大まかな意味は，行為が複数の行為者の間で相互に行われることである．あえて2つの言葉の違いを探せば，相互行為は行為者たちがやりとりする行為に重点を置いたニュアンスをもつのに対して，相互作用は行為をやりとりする行為者たちの関係のあり方に重点

を置いたニュアンスをもつ．

だが実際には，意識的にこのような区別をしたうえで，これらの言葉が用いられているわけではない．このため，ある人が相互作用と言い表すことを別の人は相互行為と言い表すという，初学者を困惑させる状況が発生する．

さらに付け加えると，社会学では社会過程という言葉もまた，相互作用と類似した対象を指し示すのに用いられる．安田三郎によれば，相互作用（相互行為）と社会過程との違いは，「相互行為がただ単に行為が2方向的に行われることを強調するのに対し，社会過程は，それがどのような種類の行為であるかを強調している」（安田 1981 p.21）点にある．

2 相互作用に着目した社会理論

相互作用をキー概念にして独自の理論を築き上げた社会学者は何人かいるが，とりわけここではジンメルとブルーマーの理論について触れておきたい（ジンメルについては第1章，ブルーマーについては第2章を参照のこと）．

ジンメル（1917）は社会化の形式を研究対象とする形式社会学を構想した．形式社会学は，① 社会は内容と形式とに区別できる，② 社会とは諸個人間の相互作用である，という2つの前提を置く．ここから相互作用も，衝動や目的などの内容と，方法や様式などの形式とに区別される．そのうえでジンメルは，諸個人が1つの社会を形成すること，すなわち，社会化を可能にするのは相互作用の内容によってではなく，相互作用の形式によってであると考えた．

一方，自らの理論の内容のみならず，その名称にまで相互作用という言葉を前面に打ち出しているのが，ブルーマーが提唱したシンボリック相互作用論である．シンボリック相互作用論は，ジンメルの形式社会学からの影響も受けているが，むしろミードの社会理論からより大きな影響を受けている．

シンボリック相互作用論は3つの基本的な前提に立脚している．その前提とは，① 人間はものごとに対して，そのものごとの自分にとっての意味に

のっとって行為する，②このようなものごとの意味は，個人がその仲間と一緒に参加する社会的相互作用から導き出され，発生する，③このような意味は，個人が，自分の出会ったものごとに対処するなかで，その個人が用いる解釈の過程によって扱われたり，修正されたりする，というものである（ブルーマー 1969）．これらの前提にもとづいて，人々の相互作用が分析されるのである．

さらに，相互行為を行為者間でのモノや情報の交換とみなす立場がある．このような立場の理論を交換理論という．代表的な研究者にはホーマンズ（Homans, G.C.）がいる．

3 地位と役割の諸概念

地位と役割は，具体的な相互行為の場面における人々のふるまいを知るための大きな手がかりとなる，重要な概念である．

(1) 地位と役割

特定の社会的場面で相互作用しているそれぞれの行為者が占めるポジションを地位と呼ぶ．とりわけ，職業のように社会一般において評価の対象となり，その地位を占める人々の社会的アイデンティティの源泉となるような地位を，特徴的地位と呼ぶ．また，地位が集団・組織などの集合体や社会成層において体系的に序列される場合，このような地位を社会的地位と呼ぶ．

一方，ある地位にふさわしい行動様式を役割と呼ぶ．人々は自分の地位に見合った役割を，経験を通して学習し，その人なりに解釈してこれを実現する．このプロセスにおいて，経験を通して役割を学習することを役割取得といい，取得した役割を自分なりに実現することを役割遂行（役割実現）という．

なお，地位を社会的場面における形式的な枠組みとするならば，役割はその地位の具体的な機能といえる．

(2) 地位セットと役割セット（地位群と役割群）

この地位と役割とを相互に関連しあうセットとしてとらえた概念が，マートン（1957）の地位セットと役割セットである．

地位セットとは，個人が占める多様な場面でのさまざまな地位の複合体である．たとえば，ある人が医学生で，息子で，弟で，アルバイトの家庭教師であるときの，それらの地位の複合体である．

役割セットとは，人が特定の社会的地位を占めるとき，その地位に対応するさまざまな役割の複合体のことである．たとえば，医学生という1つの地位は，その教師との関係において学生の役割を伴う．しかし他の学生，看護師，医師，ソーシャルワーカー，医療技師などとの関係においては，また別の役割をともなっている．

なお，地位セットと役割セットはある時点における地位と役割の構造を示す概念だが，これに対して，たとえば，医学生→インターン→病院付の医師→独立の開業医というように，社会的なパターンをもって時間の経過につれて生じる地位および役割の継起を地位系列および役割系列と呼ぶ．

4　役割と相互行為

(1) 役割と行為者

相互行為において，人々はそれぞれの地位に応じた役割を遂行することを相手に期待するし，また相手からも同様の期待がなされる．この期待を役割期待という．役割期待にこたえることは，秩序のある相互行為を行ううえで重要である．

とはいえ，その期待された役割を遂行することが負担に感じられる場合もある．期待されたある役割の遂行にともなう困難やストレスを役割緊張という．また，矛盾する複数の期待によって引き起こされる葛藤を役割葛藤という．

しかし現実には，役割緊張や役割葛藤が生じても，その役割を遂行しなく

てはならないことが多々ある．役割内容が自分の気持ちや欲求に必ずしも一致していなくても，あえてその役割を演ずることを役割演技という．

(2) 役割と自己

役割演技は自分を押し殺して役割にしたがうので，その役割を遂行しているときの自分は偽りの自分であるように感じられる．このようなときに人々は「本当の自分はこうではない」ということを示そうとする．こうした行動をゴッフマンは役割距離と呼んだ．

役割距離とは，期待される役割からはずれた行動を一時的にすることである．ただしそれは単なる役割の放棄ではない．つまり「実際に，その役割を拒否しているのではなく，……その役割のなかに当然含まれているとみなされる虚構の自己を拒否している」(ゴッフマン 1961) のである．

この役割距離に象徴されるように，人々は相互行為の場面において，自らをその場にふさわしいように演出することがある．これを印象操作という．注意すべき点は，印象操作とは自分の印象をよくするためだけになされるのではないということである．ゴッフマン (1959) が鮮やかに記述したように，その場の相互行為の秩序を維持したり，その場その場での役回りを超えた一貫した自己をプロデュースしたりするためにも，印象操作はなされるのである．

第3節　自己と他者の基礎概念

1 自己（自我）のしくみ

あなたや私の身体そのものは物理的なもので，生まれたときから存在している．だが「私」や「あなた」という意識，つまり自己や他者という意識は，生まれたときから存在するものではない．それらの意識は，私たちの生活において織り成される，相互作用によって芽生えてくるものである．この

ように，相互作用に注目して自己や他者について考えるのは，社会学の伝統的な発想である．以下では社会学における代表的な自己概念を紹介しよう．

(1) 鏡に映った自己

社会学において，自己をとらえた概念としては，クーリー（Cooley, C.H.）の「鏡に映った自己」がまずあげられる．私たちは自分自身の顔や後頭部を自分の目で直接見ることはできないが，鏡を使うことによってそれらを見ることができる．このことをクーリー（1902）は自己についても適用した．私たちは他者を鏡として，その鏡＝他者を通じて自己を知ることができると考えたのである．そのような自己概念は，① 他者に対する自分の様子についての想像，② その様子に関する他者による判断についての想像，③ それらに対する自分の誇りや悔しさなどの感情，の3つの原理的要素をもつ．

しかし，このクーリーの自己概念に対して，ミードは高い評価を与えながらも鋭い批判を投げかける．ミード（1934）によれば，「クーリーの心理学は，主観主義的で観念論的な形而上学の立場に陥って」おり，それゆえクーリーにしたがえば，「どうみても本質的に社会的である自我という概念も，想像力の産物だ」ということになる．つまりミードの目には，クーリーの自己概念は外部的で社会的なものが抜け落ちたものに見えてしまうのである．

(2) Iとme（主我と客我）

クーリーを評価しつつも批判したミードは，自己を「Iとme」の2つの側面の相互作用としてとらえる．

meは他者の態度を内面化し，他者が自分に期待している役割を取り入れることによって形成され，社会的な期待どおりに行動しようとする自己の社会的な側面である．一方，Iはmeに対する独自の反応で，型どおりの行動に何らかの個性的な修正を加え，ひいては社会のあり方に変化をもたらそうとする個人的な側面である．

なお，ミードは自己をＩとmeの2側面からとらえる立場を，心理学者のジェームズ（James, W.）から引き継いでいる．だがジェームズとミードとでは，Ｉについての考え方に違いがある．ジェームズはＩを直接的にとらえることができず，とりわけ経験的・科学的に把握できないものと考えた．しかしミードは，Ｉは確かに直接的にはとらえられないが，meを通じて間接的にとらえられ，結果，経験的・科学的に把握できると考えたのである（船津 2000 pp.66-67）．

2　他者との関係

　自己の形成は相互作用を通じてなされる．その相互作用の相手となるのが他者である．その他者のなかでも大きな影響力をもつのが「意味のある他者（重要な他者）」である．意味のある他者とは，具体的には親や兄弟，遊び仲間や教師などであり，これらの意味のある他者の態度，役割，期待とのかかわりにおいて自己形成がなされるのである．

　だが，意味のある他者たちの期待は一様ではなく，それらはしばしば対立する．人は成長の過程で数多くの意味のある他者と相互作用をすることにより，これらの対立する諸々の期待を総合し，一般化する必要がある．この一般化を経て生まれる，社会的期待ないし規範の総体が一般化された他者である．ただし，「他者」と呼ばれるものの，一般化された他者は具体的な個人を指すものではない．

第4節　集団の基礎概念

1　集　団

　社会学の分析対象をその規模の大きさで考えるなら，集団はいわゆるミクロとマクロの中間に位置する．それゆえに，マクロな視点からは社会の構造と変動を分析し記述する単位として，ミクロな視点からは社会的相互作用を

分析し記述する単位として，集団という概念は重視されてきた（塩原 1981 p. 2）．

集団を集団たらしめる第1の要件は，それが人々の集まりだということである．また第2に，集まった人々の間に規則的で持続的な相互行為や相互関係があり，さらにはある程度共通した志向が分けもたれていることが，要件としてあげられる．

これらの要件に加えて，① メンバーに共通の目標ないし関心がある，② 集団内で地位や役割の分化がみられる，③ 特有の規範または行為準則がある，④ メンバー間にわれわれ意識または共属意識がある，というような特徴をもつ集団を組織的集団と呼ぶ．社会学における集団研究の多くは，この組織的集団を対象とした研究である．

一方，組織的集団の要件を満たさない集団を，非組織的集団と呼ぶ．具体的な非組織的集団には，群集・公衆・大衆などがある（群集・公衆・大衆については第11章を参照のこと）．

2　さまざまな集団類型

集団をいくつかの類型に分類することは，社会学の初期から現在にいたるまで，幾多の研究者によって試みられてきた．それらの試みにおおむね共通するのは，集団を，血縁や地縁を基礎とする基礎集団と，特定の機能を果たすために形成された機能集団（または派生集団・目的集団）とに分けていることである．以下にそのような集団類型の代表例をあげよう．

(1) ゲマインシャフトとゲゼルシャフト

集団をいくつかの類型に分類する試みのなかでも，もっとも古典的であり，それ以降の集団類型に影響を与えたのがテンニース（Tönnies, F. 1887）のゲマインシャフトとゲゼルシャフトである（テンニースについては第5章を参照のこと）．

ゲマインシャフトは人間の本質のあらわれである本質意志によって人々が結びついた集団である．ゲマインシャフトは共同社会と訳されることもあり，その具体例としては家族や村落があげられる．

　一方，ゲゼルシャフトは，人々が互いに自己の目的を達成するために，目的達成の手段として選ばれた選択意志にもとづいて，その人格のごく一部のみをもって結びついた集団である．ゲゼルシャフトは利益社会と訳されることもあり，その具体例としては大都市や国家があげられる．

　テンニースはこの2つの社会類型をもって，社会はゲマインシャフトが優位な時代からゲゼルシャフトが優位な時代へと歴史的に移行していくと考えた．だがテンニースは，ゲマインシャフトを重視する立場から，この歴史的潮流を乗り越えるゲノッセンシャフトの登場を期待した．ゲノッセンシャフトとは，普通は団体，組合などと訳されるが，テンニースが具体的にイメージしていたゲノッセンシャフトとは，当時増大していた協同組合のことである．

　ちなみに，テンニースとはやや異なる意味合いではあるが，ヴェーバーもまたゲマインシャフト関係（共同社会関係）とゲゼルシャフト関係（利益社会関係）という区別をしている．ヴェーバー（1922）の区別は上述した行為の4類型にもとづいており，伝統的行為や感情的行為にもとづく社会関係をゲマインシャフト関係，価値合理的行為や目的合理的行為にもとづく社会関係をゲゼルシャフト的関係と呼んでいる．

(2)　第1次集団と第2次集団

　テンニースの集団類型の背後には近代化批判が見え隠れしていたが，視点を変えて，現代社会における個人の人格形成に焦点を当て集団を類型化したものが，クーリーの第1次集団，そして第1次集団に関する議論から導出された第2次集団である．

　クーリー（1909）のいう第1次集団とは，「顔と顔とをつきあわせている

親しい結びつきと，協力とによって特徴づけられる集団」である．この「第1次」という言葉は「主として個人の社会性と理想とを形成する上で基本的であるという点」に由来している．具体的には家族や遊び仲間，地域集団が第1次集団としてあげられる．

これに対して，学校・組合・政党・国家などのように，特殊な利害関心にもとづいて意識的に組織され，メンバーの間接的な接触を特徴とする集団は第2次集団と呼ばれる．この第2次集団の占める領域やその果たす機能が，第1次集団に対して相対的に優位に立っているところに近代社会の1つの特徴がある．

ちなみに，現在では第1次集団と第2次集団という集団類型はクーリーによるものだと紹介されることが多い．だが実は，クーリーの著書には第1次集団という術語はあるが，第2次集団という術語は登場しない．つまり厳密には，クーリーは第1次集団の提唱者ではあるが，第2次集団については「自ら第2次集団の呼称を提起したわけではなく，ただその具体的な例としてクラブや宗教団体を指摘したにとどまっている」（吉田 1996 p.109）のである．

(3) コミュニティとアソシエーション

コミュニティとアソシエーションとは，マッキーヴァー（MacIver, R.M.）による集団類型である．

コミュニティとは，ある種の，またある程度の独自な共通の諸特徴（風習，伝統，言葉遣いなど）をもった共同生活の領域のことである．これに対して，アソシエーションとは，ある共同の関心を追求するための組織体である（マッキーヴァー 1914）．

両者の関係を約言すると，一方でアソシエーションは部分的であり，他方でコミュニティは包括的である．コミュニティ内にはいくつものアソシエーションが存在できる．互いに敵対的なアソシエーションであっても存在可能である．そして1つのアソシエーションのメンバーは他のアソシエーション

のメンバーを兼ねることができる．だが，コミュニティはどの最大のアソシエーションよりも広く，アソシエーションでは完全に満たしきれない重大な共同生活の領域なのである．

(4) 基礎社会と派生社会

基礎社会と派生社会とは，高田保馬 (1922) による集団類型である（高田保馬についてはコラム「日本の社会学の成立と展開」も参照のこと）．

基礎社会とは，血縁や地縁といった，基礎的・自然的な直接的紐帯によって結合した社会である．基礎社会は血縁社会と地縁社会の2つに分けられる．血縁社会とは，家族・部族・部族同盟など血縁で結びついた集団のことで，地縁社会とは，村落・都市・国家など地縁で結びついた集団のことである．

派生社会とは，類似や利益の共通といった派生的紐帯によって人為的に結合した社会である．派生社会は同族社会と目的社会の2つに分けられる．同族社会とは，政党や宗教団体など類似によって結びついた集団のことで，目的社会とは，株式会社や慈善協会など利益の共通によって結びついた集団のことである．

3 集団と個人の関係

ここまでは紹介した概念は，いわば集団のタイポロジーだった．以下では集団とそこに属する個人とのかかわりをとらえた概念を紹介する．

(1) 内集団と外集団

内集団と外集団とは，ともにサムナー (Sumner, W.G.) によって提起された概念である．内集団（もしくはわれわれ集団）とは，親族や隣人，同盟や取引などの強い結びつき，平和な結びつきをもった人々の集団である．これに対して，外集団（もしくは彼ら集団，よそもの集団）とは，結びつきの弱

い集団，もしくは戦争や略奪などの対立関係にある集団のことである（サムナー 1906）．

内集団における同志的な平和な関係と外集団に対する敵意ある闘争関係とは，互いに反作用しつつ相互に発展していく．その発展したものが愛国心であり，エスノセントリズムである（エスノセントリズムに関しては第12章参照のこと）．

内集団と外集団という区分が上述した集団類型と異なるのは，それが集団に固有の特徴による区分ではないことである．誤解を恐れずにいえば，内集団とはある個人が積極的にコミットしている集団であり，外集団とはその個人もしくはその個人の内集団と対立関係にある集団である．つまり，内集団と外集団とは，集団を構成する個人を基準点とし，その個人との親疎関係による区分なのである．

(2) 準拠集団

人が自分自身を関連づけることによって，自己の態度や判断の形成と変容に影響を受ける集団を準拠集団と呼ぶ．その人が所属している集団に限らず，過去に所属していた集団や，将来所属したい集団が準拠集団となることもある．また準拠集団と同様に，人が影響を受ける個人を準拠的個人と呼ぶ．

準拠集団はさまざまな機能をもつが，ケリー（Kelley, H.H.）によって対比された規範機能と比較機能が重要である．規範機能とは，その集団に準拠する人々に特定の判断基準を与える機能であり，比較機能とは人々が自分や他人を評価する際に比較の基準を与える機能である．

準拠集団に関する研究を体系的に理論化したのはマートンである．マートンはロッシ（Rossi, A.S.）とともに，ストゥーファー（Stouffer, S.A.）らの「アメリカ兵研究」における相対的不満（相対的剥奪）のメカニズムを手がかりにして，準拠集団論を展開した（マートン・ロッシ 1950）．

(3) ストレンジャーとマージナル・マン

ストレンジャー（異邦人，よそもの）とは，ある文化や集団からみて，多少とも疎遠な位置に置かれている個人のことである．マージナル・マン（境界人，限界人，周辺人）とは，異質な文化をもつ複数の集団や社会に同時に属している人間，もしくはいずれの集団や社会にも十分には属することができずに各集団の境界に位置する人間のことである．

ストレンジャーもマージナル・マンも，集団に完全に同化している人間とは対極にある人間である．それゆえ，ストレンジャーやマージナル・マンは集団とのかかわりにおいて葛藤を強いられる一方で，独自の創造性・革新性を発揮することもある．

ストレンジャーについてはジンメル（1908）による研究やシュッツ（1944）による研究が有名である．また，マージナル・マンについてはパーク（1928）による研究が有名である．これらの研究では，ストレンジャーやマージナル・マンの具体例として，移民についての言及が散見される．

第5章 構造と変動の基礎概念

キーワード

システム，社会システム，構造，階級，新中間層，ホワイトカラー，階層，社会的資源，社会的地位，社会移動，世代内移動／世代間移動，水平移動／垂直移動，属性原理／業績原理，SSM調査，社会変動，社会計画

はじめに

前章は，社会学の基礎概念のうち，個人や集団にかかわる概念について説明を行った．一般に，社会学の基礎概念のうち個人にかかわるものをミクロ，社会全体のしくみにかかわるものをマクロという．本章は，そのうち，後者について説明を行う．

第1節　システムと構造

社会全体のしくみをとらえる概念として，システムや構造の概念がある．そして，システムという考え方を使って，社会を説明しようとする試みが，社会システム論である．この節では，システム，社会システム論，そして構造について説明する．

1　システム

(1) システムの概略

第1に，システムは2つ以上の要素の相互関係である．システムの構成要

図 5-1　システムのイメージ

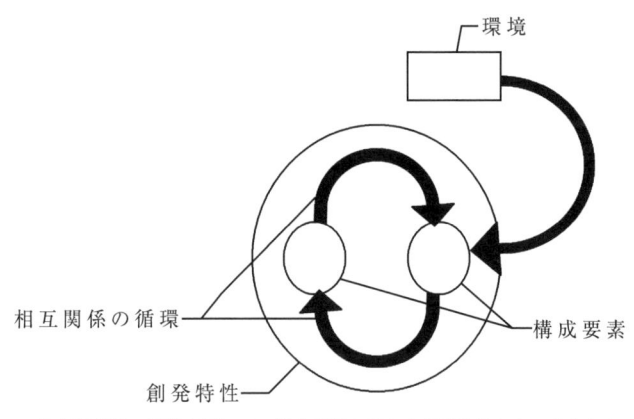

構成要素間の循環を通じて，構成要素を超える創発特性が生み出される．

図 5-2　機械モデルと有機体モデルの違い

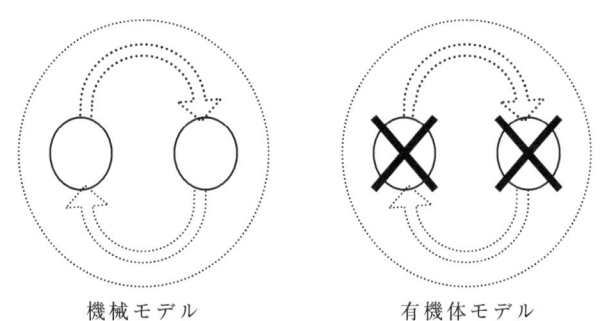

機械モデル　　　　有機体モデル

- 構成要素間の循環が失われると（点線で表現）創発特性が失われる．
- 機械モデルの場合，創発特性が失われても，構成要素は維持可能である．たとえば，釘と材木（構成要素）で，家（創発特性）が建つ．家が壊れても，構成要素である釘と材木それ自体は存在する．
- 有機体モデルの場合，創発特性が失われると，構成要素は維持できなくなる．たとえば，心臓と脳（構成要素）で，生命活動（創発特性）が生じる．生命活動が失われると，構成要素である心臓と脳は維持できなくなる．
- 創発特性が，構成要素間の循環を維持し，構成要素間の循環が創発特性を生み出す関係を，「自己組織性」という．

素は，循環関係（ループ）を構成している．循環関係の外部（相互関係を構成しない要素）を，環境という．

　第2に，システムは構成要素の相互関係を通じて，個々の構成要素に還元することができない，全体としての新しい特性をもつ．すなわち全体は部分の総和を超えるのである．システムがもつこの特性のことを創発特性やシステムの全体性ということがある（図5-1参照）．

　第3に，システムのとらえ方には，機械モデルと有機体モデルがある．機械モデルの場合，構成要素は創発特性と独立に存在可能だと考えられている．一方，有機体モデルの場合，システムの創発特性が構成要素の前提条件となる．言い換えれば，要素の相互作用が，要素に還元できない全体をつくりあげ，その全体が要素の存在を可能にしているのである（図5-2参照）．このように，システムの創発特性が，システムの構成要素の前提となる関係を，オートポイエシスあるいは自己組織性という（ギデンズ 1979）．

　第4に，システムの見方には，システムを観察可能な相互作用とみなす立場と，観察者が現実を理解するために抽出したモデルとみなす立場の2つがある．この2つの立場は，後に示す，構造の2つの解釈に対応する．

(2) システムの具体例

　食物連鎖を例にとって，システムについて説明しよう．

　食物連鎖は，単純化すると，次のようにあらわすことができる．① 土を肥料として植物が生える．② 植物は，太陽の光で光合成を行う．③ 植物は草食動物のえさになる．④ 草食動物は肉食動物のえさになる．⑤ 動物が死ぬと，細菌や虫などがその死体を分解する．⑥ 分解された死体が土になる．そして，土を肥料として植物が生える（①にもどる）．

　このように，食物連鎖では，土，植物，草食動物，肉食動物，細菌や虫が相互に関係し，循環を構成している．ゆえに，食物連鎖は，一種のシステムであり，土，植物，草食動物，肉食動物，細菌や虫は，食物連鎖システムの

構成要素である．

　太陽は光合成の条件である．しかし，太陽は食物連鎖システムの構成要素の循環関係の外部にある．ゆえに，太陽は食物連鎖システムの環境である．

　食物連鎖システムは，生態系という特性をもつ．生態系は，個々の構成要素に還元できないシステム全体の特徴である．

　食物連鎖システムは，有機体モデルである．なぜならば，システムの創発特性である生態系が破壊された場合，食物連鎖システムの構成要素であるそれぞれの生物は，存在できないからである．すなわち，それぞれの生物（構成要素）が，食物連鎖という相互関係を通じて生態系（創発特性）をつくり，この生態系が，それぞれの生物の生存を可能にしているのである．

　また，食物連鎖システムは，実際に観察可能な相互作用とみなすことができる．

2　社会システム論

　社会システム論は，個人をシステムの構成要素とみなす．そして，人々の相互関係から，個人の行為に還元できない，社会全体としての特性を説明しようとする．社会システム論が考える全体としての特性として，社会の秩序，社会制度，文化などをあげることができる（図5-3参照）．

　それでは人々の相互関係はどうして可能になるのだろうか．社会システム論は人々の相互関係が成立する根拠を，人々の相互の予期にあると考える．

　社会システムにおける相互の予期の例として，投票をあげて説明を行う．投票システムの構成要素として，有権者と候補者を仮定する．有権者と候補者の間に，次のような循環関係を考えることができる．① 有権者は，見込みのある人（候補者）に投票する．② 見込みのあると思われた候補者は当選する．③ 当選した候補者（議員）は，次の選挙でも投票してもらえるように仕事をする．④ きちんと仕事をした議員は，有権者に見込みがある人と思われる（①にもどる）．

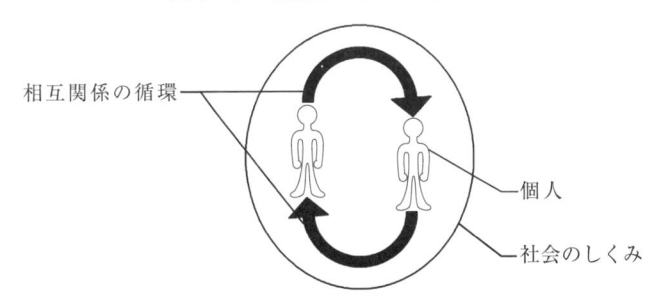

図5-3　社会システムのイメージ

- 相互関係の循環
- 個人
- 社会のしくみ

- 個人の相互関係が，個人に還元できない社会全体のしくみ（社会秩序，制度，文化等）を創発している．
- 社会システムは有機的モデルをもとにしている．社会全体のしくみが個人の相互関係を可能にし，個人の相互関係が社会全体のしくみを生じさせる．

　候補者の予期（きちんと仕事をしたら投票してもらえる）と，有権者の予期（見込みがある人は仕事をしてくれる）が，投票のシステムの循環関係を支えている．

　では，この予期が崩れてしまったらどうなるか．議員（候補者）が「適当に仕事をしても，有権者をうまく言いくるめれば票は集められる」と予期し，有権者が「見込みがあろうとなかろうと，候補者はそれなりの仕事をしてくれるだろう，だから誰に投票しても同じだ」と予期するならば，この投票のシステムは破綻してしまう．

　以上のように，投票のシステムがループするためには，候補者の予期と有権者の予期，すなわち人々の相互の予期が必要である．それでは，なぜ人々の相互の予期が成立するのか．この問題に対して，パーソンズは人々が共有する価値の同一性を，相互の予期が成立する根拠とする．またルーマンは別の説明をしている（パーソンズについては第2章，ルーマンについては第3章，相互行為については第4章を参照のこと）．

3 構 造

　構造には2つのとらえ方がある．1つは，構造をシステムの構成要素の相互関係のなかでも，相対的に恒常的な相互関係とする立場である．この構造のとらえ方はパーソンズの構造-機能分析に由来する（パーソンズの構造-機能分析については第2章を参照のこと）．彼は，地位，役割を構造として想定し，それを経験的に観察できるとした．

　もう1つは，構造を観察可能な事象の背後にある一定の関係性とする立場である．この構造のとらえ方はレヴィ=ストロース（Levi-Strauss, C.）の構造人類学と，それに影響を与えたソシュール（Saussure, F.）の構造言語学に由来する（レヴィ=ストロースについては第3章を参照のこと）．この場合の構造は，具体的に観察可能な構成要素の相互関係ではなく，その相互関係の前提にあると観察者が仮定する，抽象化された諸変数の不変の関係性を指す．

第2節　階級と階層

1 階 級

　階級は，ヴェーバーの階級論をはじめ，複数のとらえ方があるが，ここではマルクスの階級概念に沿って説明を行う．マルクスのいう階級とは，端的には，生産手段の所有の有無から生じる搾取と被搾取，支配と被支配の関係に基礎づけられた集団である．生産手段とは，労働対象と労働手段，すなわち土地，材料，道具，機械などを指す．マルクスによれば，資本主義社会における階級は，生産手段をもち，生産したものの大部分を自らは労働をせずに受け取るブルジョワジー（資本家階級）と，生産手段をもたないがゆえに，生産したものを生活水準ぎりぎりしか受け取ることができないプロレタリアート（労働者階級）に二極分化する．わずかな生産手段をもち，自ら労働を行う中間層（農民や自営業者）は解体する．

マルクスの階級概念は，実体的，対立的，歴史的な概念である．実体的とは，階級格差が，社会に貧困や不平等として実際に生じていることを意味する（貧困や不平等の問題は第14章を参照のこと）．対立的とは，搾取－被搾取，支配－被支配の関係にあるブルジョワジーとプロレタリアートが，異質的・敵対的関係にあることを意味する．歴史的とは，階級の成立と対立が，マルクスのいう社会の発展段階に規定されていることを指す．

2　新中間層

新中間層は，文字どおり新しくあらわれた中間層である．以下，新中間層を旧中間層（マルクスのいう中間層）との対比で説明する．

新中間層は，行政や企業の事務職，販売職，技術職，管理職，すなわちホワイトカラーを指す．ホワイトカラーに対して，直接モノの生産に携わる労働者をブルーカラーという．

先に，マルクスがブルジョワジーとプロレタリアートの二極分化を予想していたことを指摘した．しかし，マルクスの予想と異なり，現在では新中間層が増加している．新中間層が増えた理由として，産業構造の変化をあげることができる．マルクスは第2次産業（工業）を産業の中心と考えていた．しかし，現代社会はサービスや情報などの第3次産業が，産業の中心となっている．第3次産業は，第2次産業と比較して，ホワイトカラーの仕事が増える傾向がある（産業化については第10章を参照のこと）．

経済的な観点からみると，新中間層の出現は，人々の所得水準や消費水準を平等化し，階層差の平準化をもたらしたといわれている．また政治的な観点からみると，新中間層は，新しい政治活動を担う中核的存在であるといわれている．その一方で，新中間層は政治に無関心な大衆であるともいわれている（大衆については第11章を参照のこと）．

3　階　層

　階層は，社会的資源の獲得およびその可能性を指標として格づけされた人々の集合体，あるいは，同じような社会的地位によって区分される人々の集合体を指す概念である．

　社会的資源とは，① 人々の目標達成の手段であり，② 大多数の人々の欲求の対象となり，③ 欲求に対して相対的に希少であることを特徴とする．具体的な社会的資源として，学歴，富，職業などがある．学歴による格づけは「高学歴－低学歴」，富による格づけは「金持ち－貧乏」，職業による格づけは「職業威信の高低」としてあらわすことができる．

　職業威信は，その職業から得られる収入，職業に就くための学歴，そして職業のもつ権限で測ることができるといわれている．職業から得られる収入が多く，職業に就くために高学歴が必要で，権限をもつ職業ほど，職業威信は高くなり，人々の尊敬を得ることができる．高い職業威信をもつ職業として，医者や弁護士やパイロット，大企業の社長などをあげることができる．

　階層を測る社会的資源は複数あるため，同一の人が，分析指標によって，異なる階層に分類されるような地位の非一貫性がみられることがある．

　また，階層概念は，階級概念と比較して，非歴史的，操作的，非対立的な概念であるとされている．

第3節　社　会　移　動

1　社会移動

　社会移動とは，個人あるいは集団の社会的地位の移動である．社会移動が閉鎖的（固定的）な社会と，開放的（流動的）な社会が存在する．

　閉鎖的な社会では，社会移動が制限されている．たとえば身分制のもとでは，農家に生まれた子どもは農民に，貴族の家に生まれた子どもは貴族になるように決められている．人々は，その生まれの身分を変えることができな

い．また，異なる身分の間の結婚も制限されている．身分制社会は社会移動が制限されており，閉鎖的である．

　一方，開放的な社会では，裕福ではない家庭に生まれた子どもでも，努力して勉強すれば進学することで高い学歴を獲得し，職業威信の高い職業に就くことができる．相手の階層を理由として，結婚が制限されることもない．社会移動が可能な社会は開放的である．

2　世代内移動／世代間移動

　社会移動には，世代内移動と世代間移動がある．世代内移動と世代間移動の違いは，社会移動が個人を単位として起きているのか，世代を単位として起きているのかの違いである．世代内移動とは，同一の人間の生涯における社会移動である．ある人がキャリアをつんで昇進したり（キャリア移動），他の職業に転職したりすることに着目して，個人の社会移動を測る．一方，世代間移動とは，世代間で生じる社会移動である．つまり，親の階層と比べた子どもの階層の変化である．

3　水平移動／垂直移動

　階層の上下の変化に着目すると，社会移動すなわち社会的地位の移動は，水平移動と垂直移動の2つに区別することができる．

　水平移動は階層が変わらない社会的地位の移動である．たとえば，ある会社のある役職についていた社員が，ほぼ同じ規模の別の会社に移り，同様の役職につく場合，階層の上下の変化はない．こうした場合の社会移動が水平移動である．

　一方，垂直移動は階層の上昇・下降をともなう社会移動である．階層が上昇する場合を上昇移動，階層が下降する場合を下降移動ともいう．たとえば，玉の輿とは，結婚による階層の垂直（上昇）移動を意味している．垂直移動をともなう社会移動を階層移動（階層間移動）ということもある．

4　属性原理／業績原理

社会的地位を決める原理は2つある．1つは，門地，家柄，性別など先天的な要件を，社会的地位につく際に重視する原理である．これを属性原理という．そして，属性原理から得られた社会的地位を，生得的地位という．

もう1つは，その人の努力や実績など後天的な要件を，社会的地位につく際に重視する原理である．これを業績原理という．そして，業績原理から得られた社会的地位を，獲得的地位という．

生得的地位と獲得的地位は，文化人類学者のリントン（Linton, R.）の概念である．パーソンズ（1951）は，リントンの生得的地位と獲得的地位を敷衍して，「属性原理から業績原理へ」という言葉で近代化をとらえた．しかし，現実には必ずしも業績原理で社会的地位が決まっているわけではない．たとえば，ジェンダーによる格差の問題や，エスニシティおよび国籍による格差の問題（エスニシティについては第12章を参照のこと）がある．

5　日本の階層研究

日本では，1955年に第1回の「社会階層と社会移動に関する全国調査（SSM調査）」が行われ，以後，10年ごとに継続的に調査が行われている．この調査を通じて70年代には，世代間の階層移動の開放性の増大，中流階層意識の増加などの指摘がなされた．SSM調査は近年の格差社会の分析にも貢献している（近年の日本の階層格差については第14章を参照のこと）．

第4節　社会変動と社会計画

1　社会変動の理論

社会学が誕生したのは，19世紀初頭のヨーロッパである．この頃，ヨーロッパでは産業革命と市民革命を経て，旧体制に代わり，新しい社会のあり方があらわれ，根づきはじめていた．社会学は成立当初から，目前で生じてい

る社会体制の変化（近代社会の成立）を説明することに，関心をもってきた（第1章を参照のこと）．

　時間とともに社会全体のしくみが変化していくことを社会変動という．社会変動の理論は，社会全体のしくみがなぜ変化したのか，どのように変化したのか，そしてどのように変わっていくのかを説明，予想する試みである．

　社会変動の理論には，大きく分けると，社会変動を，社会の直線的・段階的な発展・停滞・衰退ととらえる立場と，社会の変化が循環しているととらえる立場の2つがある．ここでは，代表的な社会変動の理論をいくつか取り上げて，説明を行う．

2　前近代から近代へ：サン=シモン，コント，スペンサー

　初期の社会変動の理論は，社会が封建的な社会から，近代的な社会（産業化，民主制）へと変化することに着目した（第1章を参照のこと）．

　サン=シモンは，人類史を，「旧体制（封建体制）→中間体制→新体制（産業体制）」の3段階としてとらえた．

　社会学の祖であるコントは，3段階の法則として，人間の精神が，「神学的段階→形而上学的段階→実証的段階」へ直線的に発展し，この人間精神の発展に対応して，社会も，「封建的→法制的→産業的」へと発展するとした．

　このような，封建的な社会から近代社会の展開についての指摘は，社会進化論の立場から，社会が単純・閉鎖的な軍事型社会から複合・開放的な産業型社会へ進化すると考えた，スペンサーも行った．

3　社会集団の変化：テンニース，デュルケム

　前近代から近代への社会の変化を，集団の変化に着目して示した理論として，テンニースとデュルケムがいる．

　テンニースは，近代において，地縁・血縁で結びついていた集団であるゲマインシャフトが衰退し，経済的・政治的な利益集団であるゲゼルシャフト

へ変化すると考えた．さらに，テンニースは，ゲゼルシャフトの後にゲノッセンシャフトへと集団のあり方が変化すると予想した．ゲノッセンシャフトは，平等な人々の契約にもとづく関係で形成される集団である（ゲマインシャフトとゲゼルシャフトについては第4章を参照のこと）．

　このように，集団に着目して社会変動を説明する視点は，分業に着目して社会の変化を説明したデュルケムの理論にもあらわれている．デュルケムは，人間社会が単環節社会（ホルド：集合体），環節社会（クラン：血縁を中核とした氏族），組織社会へと進化したと考えた．環節社会では，人々は共同性・同質性の関係で結びついている．このような人々の結びつきを機械的連帯という．一方，組織社会では，人々は，それぞれ異なる個人の相補的な関係で結びついている．このような人々の結びつきを有機的連帯という．そして，組織社会の有機的連帯が社会分業を可能にし，産業化の促進に貢献したと考えた（デュルケムについては第1章を参照のこと）．

4　権力の変化：パレート

　パレート（Pareto, V. 1916）は，社会変動の理論として「エリートの周流」を指摘した．社会の均衡は，少数のエリートが多くの人々を統治することで保たれる．エリートには，権力獲得のために力に訴えるエリート（ライオン型）と，策謀で権力を獲得しようとするエリート（キツネ型）がある．エリートが一方に偏ると，社会の均衡が崩れ（社会変動），もう一方のエリートに権力が取って代わられる．また，そのエリートが偏りすぎると再び社会変動が生じ，エリートの交代が起きる．このように，パレートは，社会の変動と均衡をエリートの循環から説明した．

5　経済のしくみの変化：マルクス，ロストウ，ベル

　経済のしくみの変化に着目して，社会変動を説明した理論として，マルクス，ロストウ，ベルをあげる．

マルクスは，史的唯物論の立場から，生産力と生産関係の矛盾を通じて社会構成体の変動が生じると述べた．マルクスは，「原始共産制社会→奴隷制社会→封建制社会→資本主義社会」と移り変わってきた社会が，今後，「社会主義社会→共産主義社会」に変化すると予想した．

ロストウ（Rostow, W.W. 1971）は，経済成長段階説として，「伝統社会→離陸のための先行条件→離陸（take off）→成熟への前進→高度大衆消費社会」への変化を提示した．マルクスが，最終的には共産主義に至ると予想したのに対して，ロストウは，異なる国あるいは異なる経済制度（資本主義と社会主義）でも，産業化が進むと最終的には高度大衆消費社会に至ると考えた．また，ロストウの理論のように，最初は異なるものが，最後には1つにまとまるとする説明を収斂理論という．

ベル（Bell, D. 1973）は，工業的な生産が中心の工業社会から，サービス・専門職・理論的知識が優位になる脱工業化社会へと変化すると主張した（ロストウとベルについては第10章を参照のこと）．

6　文化の変化：オグバーン

オグバーン（Ogburn, W.F.）は，1922年に『社会変動論』を著した．彼は，社会変動を文化の変化ととらえ，「科学技術の変化→経済組織の変化→社会制度の変化→思想の変化→科学技術の変化…」という循環を示した．

オグバーンは，文化を物質文化（科学技術）と非物質文化（思想）に区別した．そして，変化の速い物質文化に対して，非物質文化は変化が遅く，この2つの文化の間に文化遅滞が生じると考えた．

7　社会計画

社会変動は，漂流変動と，計画的変動に区別することができる．漂流変動は，自然発生的な社会のしくみの変化である．一方，計画的変動は，自覚的・計画的に推進される社会のしくみの変化を指す．

社会計画は，狭い意味では，政府や自治体が意図的に，経済，政治，文化などの社会のしくみを包括的に変えていこうとする試みを指す．また，広い意味では，人々の生活をよりよくするように，社会のしくみを変えていく試み全体を指す．

具体的な社会計画として，地域計画，都市計画，コミュニティ計画，生涯教育計画，女性行動計画などがある．

第6章 家族とジェンダー

キーワード

「家」制度，世帯，直系家族制，夫婦家族制，核家族（化），小家族化，手段的役割／表出的役割，家族周期，近代家族，家父長制，ジェンダー，フェミニズム，再生産労働，家族の個人化，個別化，私事化，ライフコース

第1節 近代日本の家族の歴史的展開：高度経済成長期まで

1 戦前期の「家」制度と家族研究

「家」制度とは，家名や家業の存続を重視する規範体系である．明治民法（1898年公布）は，近代以前からあったこの家族制度を，男性戸主に権限を集中させるかたちで再編成し，法的な正統性を与えた．そして，第2次世界大戦敗戦に至るまで，この直系家族制のもと，戸主権の父系長子への単独相続，親子・夫婦・男女間の権威的な序列，妻の無権利状態が続いた．「家」は，帝国主義的な資本主義国家形成を支える装置として機能し，さらには天皇制国家の基盤であった．天皇を国の家長とみなし，国民をその子とする家族国家観は，戦前期日本のファシズムの特徴である．

とはいえ，人々は必ずしも民法や戸籍上の身分関係に縛られて暮らしていたわけではない．20世紀初頭，政府は人口が増加した大都市の救貧政策を実施したが，「家」概念では，住民の生活実態を的確に把握できないとして，

「世帯」という概念が使われるようになった．世帯とは，住居と家計をともにする者の集まりである．世帯は1920年の第1回国勢調査でも用いられた（国勢調査については第15章を参照のこと）．

　この国勢調査の抽出票を利用して家族構成の特徴を統計的に分析したのが，戸田貞三である．戸田は，世帯とは異なる「家族」概念を示し，家族を法制的にとらえるのではなく集団として観察する意義を強調して，家族を社会学の研究対象に据えた（戸田 1937）．また，明治民法制定以前より農村，漁村，都市部に存在した同族（団）研究もさかんに行われた（有賀 1943，喜多野 1951）．

2　民法改正と家族の民主化：戦後の混乱期

　戦後の新民法は，親子ではなく夫婦を家族形成の基本とする夫婦家族制を採用し，「家」制度は法的には廃止された．新民法は，夫婦の権利義務の平等，子どもへの均分相続を定め，家族の民主化を目指した．

　戦後まもなくの時期，日本の家族社会学がまず関心を寄せたのは，このような家族制度の変化が実際の家族にどのような影響を与えたかについてであった．小山隆は，こうした問題意識のもと，家族の形態や意識，関係の変化を実証的に分析した（小山 1960）．

3　家族の戦後体制の確立：高度経済成長期の家族

　1950年代半ばから70年代半ばまでの高度経済成長期に「家族の戦後体制」が確立した．落合恵美子はその特徴を，① 女性の主婦化，② 子どもの数の画一化（2人っ子革命），③ 多産少死の人口学的移行期世代が担い手，の3点にまとめている（落合 1997）．

　(1)　性分業の普及
　① 女性の主婦化，すなわち性分業の普及は，産業構造の転換によって起

こった．高度経済成長期，女性が家族従業者として就業していることの多い第1次産業の割合が低下し，既婚女性のうち夫が雇用者（サラリーマン）である割合が増加した．雇用者は職場と住居が分離しているため，分業が成立しやすかった（経済企画庁 1997）．

またこの時期，いわゆる「日本的雇用慣行」が企業に定着し，妻子を安定的に扶養できる経済的な条件が整った．さらに，女性労働者には公然と結婚退職制や若年定年制が適用されており，女性が勤続することは難しかったことや，保育所などの整備が追いつかない大都市では，出産育児期の女性の就業は容易でなかったことなども，女性の主婦化をうながした．

(2) 核家族化，小家族化：家族構成と家族規模の変化

③は，高度経済成長期に核家族化を生じさせた要因である．人口学的移行期世代（日本では1925～1950年生まれの世代．すなわち「昭和ヒトケタ」から戦後の「団塊世代」まで）の家族形成は，直系家族制の同居規範を維持しており，それがきょうだい1人を親と同居させたため，3世代家族の世帯数そのものは，戦後それほど大きく変化しなかった．しかし，残りのきょうだいが個別に多くの核家族を形成したため，核家族世帯の割合が高くなった．夫婦家族制の浸透が核家族化を推し進めたわけでは必ずしもない．

1960年，65年，70年の国勢調査では，核家族世帯（「夫婦のみ」「夫婦と子」「ひとり親と子」）の割合がじりじりと増加していることが確認された．また，家族構成の変化だけでなく，家族規模の急激な縮小も報告された（小家族化）．その一因として，「②2人っ子革命」により1950年代から出生率が本格的に低下したことがある．この時期に既婚女性が生む子どもの数が減ったのは，産業化が進展し，子どもの価値が生産財から消費財へと変わったためだと指摘されている（第7章を参照のこと）．

第2節　核家族パラダイムの確立：集団としての家族

　すでに述べたように，日本の家族社会学は，戦前期より独自の関心にもとづいて多くの研究を蓄積してきたが，戦後は，同時期の欧米の研究に影響を受け，小集団としての核家族を分析の中心に置くパラダイムが確立した．

1　「核家族」概念の受容

　核家族という言葉は今でこそ日常的に使われるが，マードック (Murdock, G.P.) の『社会構造』(1949) という著作とともに日本に導入され，1960年代に定着した概念である．

　マードックは，「すべての社会における社会構造の基礎は核家族である」というテーゼを提唱したことで知られる．その主張は，家族の形態と機能の観点から，次のようにまとめられる．①すべての社会において，家族は1組の男女と未婚の子ども（すなわち「核家族」という形態）が基本単位となっている．②核家族の基本的な機能には，性的欲求の充足，生殖，経済的協同，教育の4つがある．このテーゼは，核家族が4つの機能を担っているという現象はどの社会でも普遍的に観察されるから，核家族を分析の基礎に置くべきだとする研究方法に関する主張でもあった．

　マードックの核家族普遍説には数々の反証が寄せられたが，1960年代後半から70年代を通して，日本の家族社会学は，核家族への関心を軸に展開した．その理由に，核家族が家族の民主化を測る指標として研究者の注目を集めたことがある．戦前の直系家族制という理念は，典型的には3世代家族（直系家族）として現象する．それに対して，戦後の夫婦家族制の現象形態は，核家族（夫婦家族）だからである．

2 構造-機能主義アプローチ

アメリカの社会学者,パーソンズら（パーソンズ・ベールズ 1956）は,家族を1つの集団ないしは社会システムとしてとらえ,それが独自にもつ構造と機能を分析するという方法を示した．このアプローチは,1960年代,70年代を通して日本の家族社会学に強い影響を与えた．

システムは自らを存続するという目的のために,① 外部にうまく適応するための機能（手段的役割）と,② 内部の諸システムをうまく調整する機能（表出的役割）とに機能分化するとパーソンズは述べた．そして,前者は夫（父）である男性によって,後者は妻（母）である女性によって分担されることが,近代社会にもっとも適合的な家族システムであると主張した．

また,パーソンズは家族の歴史的な変化にも着目し,家族機能の縮小論を唱えた．産業化というマクロな社会変動が企業,学校,国家などさまざまな専門機関を出現させ,それにともない家族がそれまで果たしていた多様な機能が外部へと移譲された結果,家族機能が縮小したという議論である．家族には,「子どもの社会化」と「大人のパーソナリティの安定化」の2つの中心的な機能が残るとし,さらに,これらの機能を効率的に遂行できるのは,親族から孤立した核家族であると唱えた．

3 家族の内部構造

このようなパーソンズの議論に依拠しつつ,家族を集団としてとらえ,その内部の構造や機能のあり方を具体的に調べようとする研究を,家族の内部構造研究という．内部構造は,役割構造,勢力構造,情緒構造,結合構造に分けられ,民法改正,産業化,都市化などによる影響が考察された．

役割構造研究では,小山隆（1967）による東京都区部の夫婦に関する実証的研究が知られている．勢力構造研究では,ブラッドら（Blood and Wolfe 1960）のデトロイト調査や資源説を援用した調査がある（増田 1965）．核家族だけでなく,3世代家族,共働き家族の内部構造研究も,同時期に着手さ

れた．それらの調査では，夫婦家族制の浸透や，夫婦間の勢力の平等化などを確認し，結論とされているが，性別による役割分担が顕著であったこともうかがえる結果となっている．

4 家族周期

家族周期（家族ライフサイクル）とは，家族集団の構造の規則的な推移のことである．その観察のために，家族の形成から消滅までをいくつかの段階（ライフステージ）に区分して，段階ごとに特徴的なパターン（生活構造）を把握するという手法がとられる．日本では森岡（1973）による8段階モデルが有名である．家族がライフステージごとに直面する生活課題を家族危機ととらえ，その対処法を考察することが目指された．

1970年代頃の家族周期論は，核家族という小集団への適用を念頭におき，その内部構造に注目する点に構造-機能主義の影響がみられる．しかし，スタティックな内部構造研究に比べ，時間的変化を視野に入れたダイナミックな研究であった．

5 家族病理

家族をめぐる問題的現象を包括的に扱う領域として，家族病理学がある（大橋他編 1974）．家族が果たすべき機能を想定し，機能障害を病理ととらえる視角のもと，1970年代には広範な現象を研究したが，後年，以下で述べる近代家族論や多様な家族の現実をみようとする立場から批判が寄せられるようになった．

第3節　家族研究とジェンダー

核家族という集団を分析の基礎におき，内部の性分業を是認しつつ，その民主性，平等性を確認するという研究スタイルは，1980年代に入ると問い直

しを迫られた．きっかけは，フェミニズムと欧米の社会史研究であった．

1 フェミニズム理論と家族社会学

ラディカル・フェミニズムの代表的な論者，ミレット（Millett, K. 1970）は，男性中心のジェンダー関係（家父長制）が，政治経済の公領域だけでなく，夫婦・親子・恋人・友人関係といった私領域にも埋め込まれていること，また家父長制が社会化，教育，男性による暴力（ドメスティック・バイオレンス）などによって維持されていることを論証した．こうした研究にふれた家族社会学者たちは，「民主的で愛情に満ちた場所」だと考えられていた家族，「女の幸せ」だと思われていた主婦の生活のなかにある抑圧に目を向けるようになった．

同じく家父長制に注目しながら，それをイデオロギーとしてではなく，資本制を支える装置としてとらえ，家父長制の存在理由を経済体制から説明しようとしたのがマルクス主義フェミニズムである．資本制は，妻による家庭内の無償労働，すなわち家事・出産・育児などの再生産労働が，生産労働の担い手（夫および次世代の労働者である子ども）を安定供給することによって成り立っている．このような主張を受けて，家族研究者たちは，家事や育児を労働としてとらえなおし，それがもっぱら女性によって無償でなされていることを問題だとみなすようになった．

2 社会史研究と家族社会学

1980年代，アリエス（Ariès, P.）の『〈子供〉の誕生』（1960）に代表される家族史研究が次々と邦訳された．それらの研究は，「育児は母親が行うのが望ましい」「夫婦は強い愛情によって結ばれているべき」だとする規範や，女性が家事責任を負う性分業が，ヨーロッパ社会では産業化以降に中産階級で成立し，次いで労働者階級へと普及したことを跡づけたものだった（ショーター 1975，バダンテール 1980）．

こうした家族史研究の成果は，私たちが家族の特徴や機能だと考えている事柄が，ある時代や社会に生きる人々に共有された心性であることを示しただけでなく，それが研究者の背後仮説でもあることを明らかにした．

3 近代家族とジェンダー

以上のフェミニズムと家族史の議論を融合し，「近代家族」という概念を日本に広める役割を果たしたのは，落合恵美子である．落合は，近代家族を歴史的な類型とみなし，家族成員相互の情緒的な関係，子ども中心主義，性分業などをその特徴としてあげた（落合 1985）．近代家族を「民主的な戦後の理想の家族」という意味ではなく，家族内部の権力関係に着目する概念として用いる家族研究を近代家族論と呼ぶ．

近代家族論は，男女の役割や関係のパターンをジェンダーという概念でとらえ，家族のなかでジェンダーの不平等が創出，維持されるしくみやプロセスを解明しようとする．1990年代には，以下のような日本独自の経験的研究が蓄積された．

明治政府が近代国家形成や産業化に向けて社会を再編していくなかで，家族の男女関係を変質させていったこと，明治20年頃から「家庭の女性化」や「家族の情緒化」が起こり，都市の新中間層に近代家族が誕生したこと（牟田 1996），明治期に萌芽がみられる近代家族が大衆化したのは高度経済成長期であること（落合 1997，本章第1節第3項を参照のこと）などが明らかにされた．

また，山田昌弘（1994）は，性分業と家族愛（母性愛や夫婦愛）とが巧妙に結びついているメカニズムを分析し，愛情の強調が女性の行う再生産労働の合理化を阻害し，分業を強化することを論じた．

他方，ジェンダーの視点を強調した近代家族論に対しては，家族を「女性にとっての抑圧，男性にとっての支配」という枠組みでとらえてしまっており，家族生活をめぐる多様なリアリティを見落としているのではないかとの

批判もある．

第4節　個人がつくる家族

1　集団から個人へ

　ジェンダーへの着目は，一心同体とされた家族のなかで男女がまったく異なる経験をしていることを明らかにした．それにともない，家族を集団として把握するのではなく，家族のなかの個人を分析の基礎単位とする方法論が台頭した．高度経済成長期以降の家族の変容は，個人化というキーワードで把握されている．

(1)　家族の個人化

　個人化という視角を早くから打ち出したのは目黒依子（1987）である．目黒は「家族の個人化」を，個人が家族に自らの生き方を支援することを求め，家族をライフスタイルとして選択するようになったという変化（家族変動）をとらえる分析概念として提示した．しかし，最近では，個人が家族集団維持のための役割遂行より自己実現を尊重すること，という意味でも用いられている（森岡 1993）．

　こうした傾向は，たとえば離婚の増加にみてとれる．離婚件数，離婚率は1980年代前半で急増，その後やや停滞したものの，1990年代にはまた増加しはじめた．「家族の個人化」という視座から，離婚は，家族が個人のニーズを満たさないと判断されたゆえの現象として把握できる．シングル，ディンクス（DINKS）といった配偶者や子どもをもたないライフコース選択や，晩婚化や晩産化なども，同様にとらえられる（未婚化，晩婚化，晩産化については第7章を参照のこと）．

　個人化は，家計の個計化，共食から孤食へ，家電から個電へといった家庭生活における行動の変化（個別化）にもあらわれている．他方，自分が属す

る企業や地域などの公の要請よりプライベートの要請を重視する傾向（私事化）も指摘されている．私事化は，「私」が個人となるか，家族となるかによって，個別化につながることもあれば，非個別化につながることもある．

(2) 家族生活／経験の多様化

家族の個人化とともに，家族の変容を表現する概念に，家族の多様化がある．家族をめぐる経験や生活を画一的にとらえられない状況をあらわす概念である．

現在，サラリーマンの夫と専業主婦の妻，子ども 2 , 3 人から成る「標準家族」に属する人は多くない．サラリーマン世帯の専業主婦比率は，高度経済成長期で頭打ちである．既婚女性でも育児が一段落する40歳代以降，7 割に近い人が就労している．

少産少子の世代が家族を形成し始めた頃から（1975年～），核家族率は低下傾向にあり，単独世帯が増え続けている．生涯未婚率も上昇している．家族生活は，誰もが一生を通じて経験するものではなくなった．

こうした実態の多様性は，人々の意識にもあらわれている．上野千鶴子らは，個人が家族とみなす範囲である「ファミリィ・アイデンティティ」について調査を行い，人々が多様な家族を生きていることを説得的に示した（上野 1991）．シングルペアレント，非法律婚カップル，ステップファミリー，同性同士のカップルなど，多様なライフスタイルへも関心が向けられるようになっている．

2 新しい分析視角の展開

(1) 家族研究とライフコース論

ライフコース論は，家族周期論に個人の視点をもたらした．安定した定位家族に生まれ育ち，安定した生殖家族を形成する人生をモデルにして，集団としての核家族の周期段階を設定する家族周期論は，それに該当しない家族

に適用できないという欠点があった（森岡・青井 1985）．

ライフコース論では，個人の一生（ライフコース）における出来事（イベント）が分析の基準に置かれる．イベントのタイミング，順序，間隔で描き出されるライフコースの多様性を視野に収めつつ，年齢規範と結びついたライフコースの規則性が把握される．コーホートを用いて社会変動とライフコース・パターンの関連を分析したり，長寿化・晩婚化・少子化といったマクロな人口学的変化と個人のライフコースとの関連を考察したりもする．

家族のライフコースは，個人のライフコースの累積としてとらえられる．個人時間，家族時間，歴史時間の共時性が観察され，個人，家族，社会構造の影響関係が分析される（エルダー・ジール 1998，大久保・嶋﨑 1995）．

(2) 家族研究と社会的ネットワーク論

「集団から個人へ」というパラダイム転換は，家族を個人の作るネットワークの1つとしてとらえる視点をもたらした．家族は，集団として外部と関係を作るのではなく，家族メンバー個人がそれぞれにネットワーク関係を広げている．こうした見方のもと，家族内部の諸関係（夫婦関係，親子関係など）と，個人が家族外部で作るさまざまなネットワークとが，直接に比較されるようになっている．

育児援助ネットワークに関する研究では，とりわけ都市部において家族外部の近隣ネットワークが，育児ニーズをもつ母親の生活をさまざまにサポートしていることが明らかにされた（落合 1987，1989）．高齢者研究では，親子関係も高齢者個人がライフコースを通じて主体的，選択的にもつ社会的ネットワークだと論じている（直井 1993，藤崎 1998）．

第7章 少子化と高齢化

キーワード

少子化，M字型雇用曲線，男女雇用機会均等法，育児・介護休業法，次世代育成支援対策推進法，少子化社会対策基本法，男女共同参画社会，高齢化，エンプティネスト，介護保険制度，エイジズム，クオリティ・オブ・ライフ，リプロダクティブ・ヘルス，人口問題，育児・介護の社会化，バリアフリー，ユニバーサルデザイン

第1節　少子化

1　日本における少子化の現状

　少子化とは，総人口に占める子どもの割合の相対的な減少を指し，具体的には合計特殊出生率が指標となる．合計特殊出生率とは，15～49歳までの女性の年齢別出生率を合計したもので，1人の女性が仮にその年次の年齢別出生率で一生の間に産むとしたときの子どもの数に相当する．人口が維持される合計特殊出生率の理論値（人口置き換え水準）は，約2.08である．この水準をはるかに下回り，かつ，子どもの数が高齢者人口よりも少なくなった社会を少子社会という．

　第1次ベビーブーム（1947～49）の出生数は年間約270万人，第2次ベビーブーム（1971～74）には約200万人だった．しかし，1975年に200万人台を割り込んで以降，出生数は減少し続けている．合計特殊出生率も，1970年代

後半から低下し，1989年にはいわゆる「1.57ショック」があった．国立社会保障・人口問題研究所による試算よりも早く，日本の総人口は2005年をピークに減少に転じた．

2　日本における出生率低下の背景

少子化は，先進国に共通の現象である．ここでは，とりわけ日本の出生率低下の背景について，いくつかの項目にわけてとらえていく．これらは互いに関連し合っており，複合的に少子化現象を生み出している．

(1) 産業化と子どもの社会的な意味の変容

第1次産業を中心とする社会においては，子どもが多いことは働き手が多いことを意味した．しかし，産業化により労働力としての子どもが必要でなくなり，子どもが多いことはむしろ扶養の負担と感じられるようになった．次第に，計画的に出産を調整した少ない数の子どもに，手厚い教育を与えて育てるという意識が浸透していった．

(2) 未婚化

とくに若年層において未婚化が進行しているが，その背景には，若者の生活の変容や，結婚に対する社会の価値観の変化がある．フリーターなど不安定な進路選択のために経済的な自立が困難な若者は，結婚を望んでもできない状況に陥りやすい．また，親との同居にメリットが大きく，結婚を先送りする傾向もみられる．生涯未婚率も近年上昇し，誰もが結婚するものであるという価値観にもとづく皆婚社会が崩れつつある．

(3) 晩婚化，晩産化，夫婦の出生力の低下

女性の高学歴化や就業率の高まりから，必ずしも結婚を必要としなかったり，独身生活の利点が大きかったりする状況が生まれた．また，男女ともに

経済的な自立が遅れると,晩婚化が進行する.そして結婚年齢が高くなると,晩産化も進行する.結果として,夫婦間に生まれる子どもの数は少なくなりやすい.

子どもを生み終えた結婚持続期間15～19年の夫婦の平均出生子ども数は,この30年間(1972年→2002年),ほぼ2.2人の水準で安定していた.しかし,1990年前後に結婚した1960年代生まれの夫婦から,出生力の低下傾向がうかがえる.

(4) 子育ての負担感の増大

育児における心理的・肉体的負担感も,出生率低下の要因として指摘されている.

コーホート別女子労働力率は,育児期を谷間とするM字型雇用曲線を描いている.その底は徐々に上がってきているものの,M字そのものがなくなる様子はなく,相変わらず女性が育児責任を負っている.また,子育てが一段落してから働く女性の多くが非正規の雇用である.その場合,「男性は仕事,女性は家事・育児と仕事」という,女性にとっての二重負担の分業が形成されやすい.

日本政府は,国連の「女性差別撤廃条約」に批准するため1985年「男女雇用機会均等法」を成立させ(1986年4月1日施行),また1991年には「育児・介護休業法」を制定(1992年4月1日施行),両方とも改正を重ねてきている.近年,仕事と家庭の調整を図るワーク・アンド・ファミリー・バランスという考え方にもとづいた,企業および社会の育児支援制度が整備されつつある.しかし,その一方で社会の性別役割分担意識も根強く,男性は長時間の就労等により育児に参加しにくい状況にある.

3 少子化の影響

少子化は,社会にどのような影響をもたらすだろうか.少子化による人口

減少は，全地球規模における人口問題の観点でみれば，エネルギー問題や移民の受け入れなど，さまざまな事項と関連しており，それ自体憂慮すべき問題ではない．また，出生率の試算から将来的な日本人の減亡や，それにともなう文化の衰退を危惧することは，長い歴史過程での社会の変容を考慮すれば極論といえる．ここでは主に次の3点を指摘しておく．しかし，これらの論点にもさまざまな見解があるため，反論も併記する．少子化社会のビジョンはいまだ不明確であり，何を原因と考えるか，問題をどのような位相でとらえるかによって，対策も異なってくるのである．

(1) 社会の活力

子どもおよび若者が減少することによって，地域文化の継承や地域活動の運営など，社会の活力が低下する．また，生産年齢人口や労働力人口の減少は需要と生産力の低下をもたらし，経済成長の低下につながる可能性がある．ただし，失業中の若者や中高年，高齢者の就労などの状況を考えると，少子化が必ずしも経済成長の低下に結びつくかは明らかでない．

(2) 社会保障

高齢化との関連から，年金や医療，介護，福祉など社会保障に関する現役世代の負担が増加し，給付とのアンバランスが発生する．ただし，これらは人口構造が大きく異なる状況において設計された制度を前提としたものであり，今後，適正な法制度の改革を行うことによってバランスをとることができるといわれている．

(3) 子どもの成長

きょうだいや家族関係，他の子どもや大人たちとの関係など，子どもが育つ環境が変容する．そのため，自主性や社会性など健やかな成長への影響が懸念される．ただし，どのような時代・社会であれ，それぞれの環境に応じ

て子どもたちはたくましく育つのであり,問われるのはむしろ大人・社会の姿勢である.したがって,少子化そのものが子どもの成長に悪い影響を与えるとはいいがたい.

4 少子化への対策

日本における少子化対策は,主に2つの段階としてとらえることができる.第1段階は「エンゼルプラン」を中心とするものであり,第2段階は「次世代育成支援対策推進法」および「少子化社会対策基本法」を中心とするものである.また,少子化と深くかかわる政策として,男女共同参画社会づくりがあげられる.

(1) エンゼルプラン

1989年のいわゆる1.57ショックを経て,ようやく少子化が認識され始め,1994年に「今後の子育て支援のための施策の基本的方向について(エンゼルプラン)」が策定された.その主眼は子育てと仕事の両立であり,保育サービスの量的拡大や多様化が目指された.

5年後の1999年には「少子化対策推進基本方針」が決定し,その具体的実施計画として,新エンゼルプランが策定された.目標値には保育サービスに関連した事項だけでなく,雇用,母子保健,相談,教育等の事業も加わった.

(2) 次世代育成支援対策推進法および少子化社会対策基本法

その後,2002年には少子化対策の一層の充実に関する提案として「少子化対策プラスワン」が取りまとめられた.2003年には,地方公共団体や事業主が次世代育成支援のための行動計画を策定することなどを盛り込んだ次世代育成支援対策推進法が制定された.これは少子化対策の範囲をより拡大する内容となっている.また,「児童手当法」の一部改正や,「児童虐待防止法」の改正が行われた.

さらに2003年には少子化社会対策基本法が制定された．これは少子化の流れを変えることを目指すものである．その内容を受けた2004年の「少子化社会対策大綱」は，① 若者の自立とたくましい子どもの育ち，② 仕事と家庭の両立支援と働き方の見直し，③ 生命の大切さ，家庭の役割等についての理解，④ 子育ての新たな支え合いと連帯の4つの重点課題と，それに取り組むための28の行動をあげている．

(3) 男女共同参画社会

1999年には，ジェンダーに縛られず家庭と仕事の2つの領域に同時にかかわる社会の形成を目指した，「男女共同参画社会基本法」が制定された．家事・育児と仕事の両立を支援するためには，育児手当・育児休業の普及や，地域と連動した多様な子育てサービスなど，ハード面の充実が当面の対策として必要である．しかし，女性が出産を機に退職し仕事への復帰が困難なことも多い．また，男性が育児休業を取得することは，経済的な保障や職務のフォローといった制度面においても，また職場の風潮としても，現実にはいまだ困難な状況にある．

ここで留意すべきことは，いわゆる女性の社会進出は日本において少子化の1つの要因ではあるとしても，それ自体が少子化の原因ではないということである．各国の合計特殊出生率と女性の労働力率との関係から，女性が働きやすい国，子育てにおいてジェンダーの平等が保障されている国は，出生率も高い水準を保っているというデータもある．こうしたデータには反論もあるが（赤川 2004），いずれにせよ，女性の社会的な地位の変容のみを少子化の原因として論じることはできないのであり，人々の生き方と社会のしくみとのギャップを問うべきだといえる．

男女共同参画とはいえ，家族の多様化という観点からすると，「男性も女性も，仕事も育児も」という家族像を規範化することに対しては留保が必要である．少子化の速度を緩やかにすること，すなわち出生率の上昇を目指す

とすれば，子どもを産みたい人が産める環境，子どもを育てることが負担であるよりは喜びである社会づくりが目指されるべきだろう．と同時に，経済的にも，文化的にも，少子化をふまえた社会のしくみづくりが求められる．

第2節　高齢化

1　日本における高齢化の現状

　高齢化とは，総人口に占める65歳以上人口の比率（高齢化率）が7％以上の状態を指し，その社会を高齢化社会という．少子化と並んで，高齢化もまた先進国に共通の現象といえる．しかしながら，日本の場合，その速度が急速であること，かつ高齢化率の水準が高いことが特徴である．試算によれば，高齢者人口は2020年までに急速に増加し，その後は安定的に推移する．一方，総人口は減少するため高齢化率は上昇し続けると考えられる．

2　高齢化の要因と背景

　高齢化には2つの要因がある．1つ目は平均寿命の延び（長寿化）であり，2つ目は少子化である．この2つが同時に進行することで，高齢者の比率が高くなる．平均寿命が延びた背景には，乳幼児死亡率の低下や，衛生・栄養状態の改善，医療技術の進歩と医療保険制度の整備などが指摘されている．

3　高齢化社会の課題

　長寿化は，それ自体が問題なわけではない．人々が長生きをすることは，むしろ喜ばしいことである．しかし，人々の高齢期が長くなるにつれて，従来の社会のしくみとかみ合わないことが表面化してきた．

(1)　高齢者の生活：就労，年金，扶養

　産業化とともに社会に定着した定年制は，健康であっても，あるいは意欲

があっても，一定の年齢に達した時点で引退を余儀なくする制度である．しかし，高齢期が長くなった今日，従来の定年制は実情にそぐわない．60歳前後で定年を迎えた人々は，その平均余命である約20年の生計を維持しなければならない．

現在の高齢者は，貯蓄・年金などの面において必ずしも生活が苦しいわけではない．しかし，今後は高齢化がさらに進み人口のバランスが変化するため，年金の財源を誰がどのように負担するかは大きな課題である．ちなみに，高齢者の就業状況や所得をみると，男女差が大きい．近年，高齢者の財産を狙った犯罪等もクローズアップされている．成年後見制度は，財産管理の支援など認知症の高齢者などの権利を擁護するための制度である．

また，高齢者の家族構成をみると，3世代同居世帯の割合が低下し，夫婦のみの世帯や単独世帯の割合が大きくなっている．今後も1人暮らしの高齢者が増加すると見込まれている．また，子女出産期の縮小と長寿化によって，育児終了後の空の巣（エンプティネスト）期も拡大しており，この時期をどのように生きるかは，個人のライフコースにおける課題となっている．

(2) 高齢者の介護

個人差はあるにせよ，年をとることによって身体機能は否応無く低下する．とりわけ，がんや認知症，骨折などは高齢期に多い疾患である．そこで介護が重要なテーマとなる．

従来，介護は家族（主に女性）によって担われるか，もしくは養護老人ホームなど収容型の施設に入るかだった．家族のみで介護することや施設を選択することは，介護を要する高齢者を抱える家族にとって，精神的にも肉体的にも，また経済的にも大きな負担であった．自らも高齢期を迎えた人々がその親や配偶者を介護する，いわゆる老々介護も限界を含んでいる．

そうした負担を軽減するため，2000年に「介護保険法」が施行された．今日では民間業者が介護事業に参入し，デイサービスやショートステイ，グル

ープホームなど多様なサービスを購入できるようになった．その基本方針は，在宅重視，自立支援，サービスの質の向上である．しかし，介護保険制度には多くの問題もある．要介護認定や報酬の適正な設定はもちろん，医療費や社会保障費を家族の無償労働によって削減するという方針などについての問題である．また，これまで介護に関連して提起されてきたジェンダーや家族をめぐるさまざまな問題に関しても，十分な議論がなされているとはいいがたい．

(3) エイジズム

そもそも，年齢によってさまざまな事柄が制約されることは，差別や偏見（エイジズム）である．とりわけ高齢者は貧困や病気，孤立と結びつけられたり，非生産的な存在とみなされたり，否定的な意味を付与されがちである．あるいは，弱者（特別な配慮を要する存在）という画一的なイメージで扱われがちである．一方で，「年甲斐も無く」という表現には，ステレオタイプの高齢者らしくふるまうことを求める意図が含まれている．

こうした状況の背景には，高齢者の経験や知識が時代の変化によって生かされにくくなったことや，定年制によって仕事や収入を失うしくみなどがある．近代化にともなって高齢者の社会的な地位や役割が低下してきたのである．

しかしながら，現実の生は多様であり，高齢者として一括りにはできない．近年着目されているQOL（クオリティ・オブ・ライフ）という概念は，「人生の質」「生活の質」と訳される．この考え方によれば介護を受ける者も受けない者も，また，それがどの程度のものであっても，個々の高齢者たちの生のありようが尊重されなければならない．交流，学習，社会的役割，性愛などにおいて，生きがいを感じて生きられる社会への転換が求められる．

4　高齢化への対策

　高齢者を対象とした法律としては1963年の「老人福祉法」があるが，あくまでも倫理規定の色彩が強い．近年の高齢化対策の基本的な枠組みは，1995年の「高齢社会対策基本法」にもとづいており，① 就業・所得，② 健康・福祉，③ 学習・社会参加，④ 生活環境，⑤ 調査研究の分野において取り組まれている．

第3節　少子化と高齢化を考えるために

1　パブリックな問題として

　少子化と高齢化は，基本的にはそれぞれ別の事項である．しかし，こうしてしばしばまとめて論じられるのは，これらが人口問題という1つの視座に立つテーマだからである．また，短期的な対策によって解決できる事柄ではなく，世代を越えた長期的なビジョンが必要なことも共通する．人口問題の解決は，全地球規模の課題であると同時に国家的要請としてある．

　にもかかわらず，今日まで対応が遅れているのは，それを行政の中心的な課題として積極的に取り組む姿勢の欠如と，家族観や労働観などの認識の古さに由来している．少子化と高齢化をめぐる状況が示しているのは，これまでの社会が何を中心的な価値とみなし，誰を基準としてつくられてきたかということだろう．

　あるいは，少子化対策としての不妊治療，高齢化対策としての認知症などに関する遺伝子研究をどうとらえるべきだろうか．それは確かに最先端の取り組みであり，一部の人々の期待に応えるものかもしれない．一方，そうした技術の存在それ自体が自分の子どもへのこだわりを醸成したり，老いや病を負の事柄として意味づけたりする側面もあるだろう．必要なのは，むしろ多様な親子・家族のかたちが受け入れられる社会，老いても安心して生きられる社会の構築といえる．

2 プライベートな問題として

　少子化や高齢化について，人々に対して何か強制的な施策を行うことはそぐわない．なぜなら，子どもを産む・産まないということ，老いをどう生きるかということは個々の人々によって自己決定されるものだからである．

　近年注目されているリプロダクティブ・ヘルスという概念は，「性や生殖に関する健康」を意味する．人間の生殖システム，その機能活動過程のすべての側面において「単に疾病，障害がないというばかりでなく，身体的，精神的，社会的に完全に良好な状態にあること」を示す．

　その対象は出産可能年齢にある女性だけではなく，また子どもをもたないライフスタイルを選択する人々を含め，すべての人々に保障されるべき健康概念として理解する必要がある．この概念は，従来の「人口問題＝国家による人口コントロール政策」といったとらえ方に変更を迫るものである．個人の権利と健康の保障という視点から性と生殖をとらえ，その社会・文化・経済・政治的な背景の理解を提起している．

3 キーワードとしての社会化

　これまで，育児や介護は家族の課題として社会から切り離され営まれる傾向があった．こうした状況が，ときに密室育児や閉塞した介護，ひいてはそれらの現場での孤立や虐待を生み出すことがある．今日求められているのは，人々の多様な生のありように応じた育児・介護の社会化といえる．その際，NPOなどの取り組みは大きな手掛かりとなる．

　ここでいう社会化とは，単なる家族機能の放棄ではなく，適切な機能分担として理解すべきである．

　子育てする母親が孤立し，高齢者に対する差別や偏見が公然と存在するのは，私たちがその生のありようをあまりにも知らないためである．現代社会は，それほどまでに年齢や性別その他さまざまな属性によって分断されている．少子高齢社会を生きるためには，多様な存在への認識および接触の不足

や，想像力の欠如を解消していかなければならない．そのとき社会のあり方は，特定の人々への配慮としてのバリアフリーから，多様な存在を前提としたユニバーサルデザインへと移行することになる．

第8章 都市化と地域社会

キーワード

都市化，郊外化，過密，過疎化，地域開発，全国総合開発計画，都市-農村二分法，都鄙連続体説，シカゴ学派，人間生態学，同心円地帯理論，アーバニズム，ムラ，町内会・自治会，ボランタリー集団，ネットワーキング，コミュニティ，世界都市，インナーシティ，ジェントリフィケーション

第1節 産業化と地域社会の変動

1 産業化と都市化

18世紀後半にイギリスで始まった産業化は，都市化をともなった（産業化については第10章を参照のこと）．工業が発達した農村に新しい都市が出現し，都市に農村から大量の人口が流入したのである．19世紀末には，人口数百万に達する巨大都市が欧米各地に出現した．

エンゲルス（Engels, F.）が『イギリスにおける労働者階級の状態』（1845）で描いたように，都市の労働者の生活環境は劣悪だった．そのことは，労働運動や社会主義運動の発達，国家による社会政策の実施，さらには都市労働者の生活の調査研究やセツルメント運動の登場などを促した．

そもそも近代の大都市は，それまで人類が経験したことのない世界であった．多くの人々が都市の諸現象の研究に取り組み，その過程で地域社会の社会学的研究も生まれたのである．

以下ではまず，産業化にともなう日本の地域社会の変動を概観する．次に，地域社会の社会学的研究の代表的な方法，理論，知見をいくつか紹介し，最後に，現代の地域社会の動向について若干の論点を提示する．

2　戦前期日本の地域社会

　日本社会でも，1890年代に進行した産業革命により産業都市が形成された．1920年頃からは重化学工業化が進み，大都市の人口が増加した．また，東京の人口は，戊辰戦争直後に減少したものの，その後，農村から若年男性や困窮した零細農民が流入し，19世紀末頃には大幅に増加した．スラムで貧しい生活を送る人々も多かった．

　だが，農家戸数，農業就業人口，経営耕地面積は明治初年以降ほとんど変化しなかった（蓮見 1990 p.10）．戦前の日本では，地主制の拡大や揺らぎなどの変動はみられたが，農村は共同体的な結合を保った．しかしそこには，地主制のもとでの貧困など多くの問題が存在した．

3　高度経済成長期の地域社会

　戦後，朝鮮戦争の特需で復興した日本経済は，1950年代半ば，重化学工業への設備投資を背景に急激な成長を開始した．この高度経済成長期に，日本の地域社会は空前の変動を経験した．

　国勢調査によると，1950年に就業者全体の半数近くを占めていた第1次産業就業者の比率は，その後急速に低下した．

　農村から大都市への人口の大規模な地域移動も発生した．農村の人口は減少し，とりわけ3大都市圏の人口が急増した．また，大都市では，多くの人々が中心部から郊外へ転出し，周辺部の人口が増加した．郊外化が進んだのである．郊外化は，東京ではすでに戦前に始まっていたが，高度経済成長期には夜間人口減少の規模と地域的範囲とが拡大し，ドーナツ化現象が鮮明になった．

経済成長の過程で,農家と他産業就業者との間に,所得と生活水準のいちじるしい格差が生じた.そこで1961年,農業の生産性向上と所得格差是正を掲げた「農業基本法(農基法)」が制定され,「農業構造改善事業」が始まった.これは,家族農業経営の「自立経営」化を掲げた政策である.だが実際には,農基法農政は他産業の労働者と製品市場を創出する機能を果たしたといわれる(蓮見 1990 p.105).農業機械の導入と生活様式の変化により所得の増加を迫られた農家の兼業化と,兼業就労の困難な地域の過疎化が進行したのである.都市近郊の農村では,非農家の流入による混住化も進んだ.

大量の人口が流入した都市には過密問題が発生した.都市生活の基盤となる社会的共同消費手段,すなわち,上下水道,ごみ処理,交通,住宅,学校,公園などの施設の未整備による諸問題や,騒音や振動,水質汚濁,大気汚染といった公害問題などがそれである.戦後長い間,都市計画の法体系が事実上整備されず,スプロール化(無秩序な市街化)が進んだことも問題を深刻にした.

1960年代から70年代前半にかけて,住民運動が各地で発生した.生活環境の悪化や社会的共同消費手段の不備に対する抗議であった.「革新自治体」も多数誕生した.

4 全国総合開発計画と地域開発

1960年,池田内閣は「国民所得倍増計画」を発表し,経済成長の推進を宣言した.同時に,過疎と過密の問題に対応し地域格差を是正するため,「全国総合開発計画(全総)」を策定し,地域開発を進めることになった.地域開発の内容として重視されたのは,産業基盤整備のための公共事業である.

全総は1998年までに5次にわたって策定されたが(表8-1),高度経済成長期につくられたのは,62年に策定された「全国総合開発計画(1全総)」と69年に策定された「新全国総合開発計画(2全総)」である.

1全総は拠点開発構想を掲げ,3大都市圏以外の地域に新産業都市(新産

表8-1 全国総合開発計画の概要の比較

名称	全国総合開発計画（1全総）	新全国総合開発計画（2全総）	第3次全国総合開発計画（3全総）	第4次全国総合開発計画（4全総）	21世紀の国土のグランドデザイン―地域の自立の促進と美しい国土の創造―（5全総）
閣議決定	1962年10月5日	1969年5月30日	1977年11月4日	1987年6月30日	1998年3月31日
策定時の内閣	池田内閣	佐藤内閣	福田内閣	中曽根内閣	橋本内閣
背景	1 高度成長経済への移行 2 過大都市問題，所得格差の拡大 3 所得倍増計画（太平洋ベルト地帯構想）	1 高度成長経済 2 人口，産業の大都市集中 3 情報化，国際化，技術革新の進展	1 安定成長経済 2 人口，産業の地方分散の兆し 3 国土資源，エネルギー等の有限性の顕在化	1 人口，諸機能の東京一極集中 2 産業構造の急速な変化等により，地方圏での雇用問題の深刻化 3 本格的国際化の進展	1 地球時代（地球環境問題，大競争，アジア諸国との交流） 2 人口減少・高齢化時代 3 高度情報化時代
目標年次	1970年	1985年	1977年からおおむね10年間	おおむね2000年	2010年から2015年
基本目標	地域間の均衡ある発展	豊かな環境の創造	人間居住の総合的環境の整備	多極分散型国土の構築	多軸型国土構造形成の基礎づくり
開発方式等	＜拠点開発構想＞ 目標達成のため工業の分散を図ることが必要であり，東京等の既成大集積と関連させつつ開発拠点を配置し，交通通信施設によりこれを有機的に連絡させ相互に影響させると同時に，周辺地域の特性を生かしながら連鎖反応的に開発をすすめ，地域間の均衡ある発展を実現する．	＜大規模プロジェクト構想＞ 新幹線，高速道路等のネットワークを整備し，大規模プロジェクトを推進することにより，国土利用の偏在を是正し，過密過疎，地域格差を解消する．	＜定住構想＞ 大都市への人口と産業の集中を抑制する一方，地方を振興し，過密過疎問題に対処しながら，全国土の利用の均衡を図りつつ人間居住の総合的環境の形成を図る．	＜交流ネットワーク構想＞ 多極分散型国土を構築するため，①地域の特性を生かしつつ，創意と工夫により地域整備を推進，②基幹的交通，情報・通信体系の整備を国自らあるいは国の先導的な指針に基づき全国にわたって推進，③多様な交流の機会を国，地方，民間諸団体の連携により形成．	＜参加と連携＞ ―多様な主体の参加と地域連携による国土づくり― （4つの戦略） ①多自然居住地域（小都市，農山漁村，中山間地域等）の創造 ②大都市のリノベーション（大都市空間の修復，更新，有効活用） ③地域連携軸（軸状に連なる地域連携のまとまり）の展開 ④広域国際交流圏（世界的な交流機能を有する圏域）の形成

備考）国土交通省国土計画局ホームページ資料（http://www.mlit.go.jp/kokudokeikaku/zs5/hikaku.html, 2005.1.31）を一部改変

都市）と工業整備特別地域（工特地域）を指定し，重化学工業立地のための大規模開発を行った．2全総は大規模プロジェクト構想を掲げ，日本列島全域に新幹線や高速道路など交通通信ネットワークを形成し，過疎地域に大規模工業基地を建設しようとした．

だが，過疎と過密が解消されなかったばかりか，環境破壊など新たな問題も発生した（本間 1999 pp.17-75）．産業基盤整備への膨大な投資にもかかわらず，多くの新産都市や工特地域では工業の立地が構想どおり進まなかった．2全総は，田中角栄の「日本列島改造論」とともに地価高騰をもたらした．大規模工業基地構想は石油ショックで破たんし，広大な工業用地と巨額の赤字が残った．

1973年の第1次石油ショックにより，高度経済成長は終わった．1977年には，「人間居住の総合的環境の整備」を基本目標として定住構想を掲げた「第3次全国総合開発計画（3全総）」が策定された．1970年代後半には，大都市圏への地域移動と地方への地域移動がほぼ均衡する状態となった．

第2節　地域社会の社会学的研究の展開

1　都市と農村の比較研究

地域社会を都市と農村に分類し，それぞれの特質を対比的に把握する方法を「都市-農村二分法」と呼ぶ（本章では農村という言葉を，漁村や山村も含む村落社会の総称として用いている）．その代表的研究が，ソローキンとジンマーマン（Sorokin, P.A. and Zimmerman, C.C.）の『都市と農村』(1929) である．彼らは，職業，環境，規模，人口密度，人口の同質性と異質性，社会移動，移住の方向，社会的分化と成層化，相互作用という指標を用いて都市と農村の特質を対比した．

それに対し，都市と農村を連続的な変化の延長上で把握する方法を，「都鄙連続体説」または「都市-農村連続法」と呼ぶ．その代表的研究は，レッ

ドフィールド（Redfield, R.）の『ユカタンの民俗文化』（1941）である．彼は，メキシコのユカタン半島にある人口規模の異なる4つの地域社会を比較し，それぞれの社会的文化的特徴に連続性があることを指摘した．

2　シカゴ学派の人間生態学的研究

20世紀前半，シカゴ大学社会学部を拠点としたシカゴ学派は，生態学の視角を人間社会に応用する人間生態学の立場を共有した．彼らは，都市を，慣習などにもとづく秩序を喪失した「実験室」とみて，その実態の研究に取り組んだのである．シカゴ学派は実証研究により多くのモノグラフをつくったことで有名だが，ここではこの学派が構築した理論を紹介する．

(1) 地域構造論

バージェス（1925）は同心円地帯理論で，都市の拡大によって生じる空間的分化を図式化し，シカゴの地域構造を分析した．

都市は，拡大の過程で5重の同心円的空間構造を形成する．① 中央業務地区，② 推移地帯，③ 労働者住宅地帯，④ 住宅地帯，⑤ 通勤者地帯である．高架鉄道に取り囲まれているためループと名づけられた中央業務地区には，いわゆるダウンタウンがある．推移地帯には，下宿屋や軽工業の工場などが建ち並び，スラムも形成される．ここに移民第1世代が流入する．労働者住宅地帯には，移民第2世代の工業労働者や商店従業者たちが住む．その外側の住宅地帯は，高級アパートや独立家族住宅などで構成される．通勤者地帯は，郊外あるいは衛星都市である．

後に，同心円地帯理論を批判，修正する研究もあらわれた（川越 1967 pp. 54-58）．ホイト（Hoyt, H.）は，扇形（セクター）理論により，地代の高い地域は同心円的にではなく扇形に展開する傾向があること，工業地域は交通機関などに沿って立地する傾向があることなどを指摘した．また，多核心理論を唱えたハリス（Harris, C.D.）とウルマン（Ullman, E.C.）は，都市には

歴史的に形成された複数の核が存在し，それらを中心に土地利用の型が決定されると主張した．さらに，ファイアレイ（Firey, W.I.）は，土地利用における感情や象徴の重要性を指摘した．

(2) アーバニズム論

ワース（Wirth, L.）が「生活様式としてのアーバニズム」(1938) で提起したアーバニズムという概念を日本語に訳すと，「都市的なるもの」となる（倉沢 1999 p.85）．

ワースは，都市を人口規模，密度，異質性という生態学的変数で定義する．この意味での都市化がもたらすアーバニズムは，① 生態学的観点，② 社会組織の観点，③ 都市的なパーソナリティと集合的行動の観点，の3つの側面から経験的な把握が可能である．

これらのうち，社会組織におけるアーバニズムとは，第1次的接触の衰退と第2次的接触の優位，親族の紐帯の弱化と家族の社会的意義の減少，近隣社会の消失，専門的機関の発生，所得や地位による階層分化などである．

また，パーソナリティと集合行動におけるアーバニズムとは，統一性を欠いたパーソナリティ，神経の緊張，人間関係における慎みや無関心などの態度，コスモポリタニズム的な態度，マスメディアを通じたステレオタイプ操作やシンボル操作による大量の人間の動員などである．

アーバニズム論は，都市の社会関係や社会意識などに関する仮説として，研究課題を提示する役割も果たしてきた．

たとえば，都市化が第1次的接触を衰退させるという仮説に対して，大都市でも人々は友人や親族，近隣などとの緊密な結びつきを保っているという「コミュニティ存続論」や，人々は狭い空間的制約を超えて，広域的で選択的な人間関係を形成しているという「コミュニティ解放論」が提起された (Wellman 1979)．

さらに，人口規模，密度，異質性という生態学的変数の重要性に疑問を投

げかけるこれらの研究を踏まえたうえでフィッシャー (Fischer, C.S., 1975) は，生態学的変数が独自の意義をもつことを改めて指摘し，下位文化理論を提起した．つまり，人口の規模，密度，異質性は，「下位文化の多様性をもたらし，それを強化し，普及していく」効果をもつ．そしてそのため，「逸脱や発明等の行為」を生む「非通念性」が都市に浸透するのだというのである．

3 都市の比較および類型化と社会構造分析

一口に都市といっても，現実に存在する都市は多様である．まず，文化的，歴史的な違いがある．ヴェーバー (1921) は，市民共同体の有無により西洋と東洋の都市を区別した．また，ショウバーグ (Sjoberg, G.) は，『前産業型都市』(1960) で前近代社会の都市を前産業型都市と呼び，近代の産業型都市との違いを分析した．彼の研究は，シカゴ学派が現代アメリカの都市の知見により都市一般を論じていることへの批判でもある．

また，同じ時代の同じ社会であっても，都市の規模と社会構造はそれぞれ異なり，担う機能も違う．そこで，産業構造などによって都市あるいは地域社会を類型化することが課題となる．日本の都市の類型化の例としては，鈴木広 (1970)，倉沢進 (1968)，島崎稔 (1978) などの研究がある．

なお，都市の社会構造に関する古典的研究としては，リンド夫妻 (Lynd, R.S. and Lynd, H.M.) のミドルタウン研究 (1929) やウォーナー (Warner, W.L.) らのヤンキー・シティ研究 (1941-59) などがある．

4 新都市社会学

1970年前後，シカゴ学派の都市社会学を根本的に批判する新都市社会学が登場した．

アーバニズム論が描いたのは，都市というよりも資本主義的産業化と合理化が進んだ現代社会そのものである．つまり，都市という対象の把握に失敗

している．また，人間生態学の視角は，都市化を規定した資本主義や国家を無視している．カステル (Castells, M. [1968] 1977) は，シカゴ学派都市社会学をこのように批判した．

現代の資本主義では，住宅，学校，医療，レジャーなどの消費手段が集合的な形態で公権力を媒介して供給される．つまり，都市における労働力の再生産は，国家が供給するさまざまな消費手段に依存している．しかし，それによって，配分の不平等や財政危機など新たな問題も発生する．そして，消費手段の供給と管理をめぐり，資本や国家と労働者階級の間で闘争が展開される．カステルはそうした一連の過程を集合的消費過程と呼び，それを都市社会学が研究すべき「都市的なもの」と位置づけた（カステル [1972] 1975)．

新都市社会学は，資本主義というマクロな社会構造のなかで都市をとらえ，資本や国家と労働者の社会運動のせめぎ合いが都市空間を形成すると主張したのである．近年では，グローバリゼーションや情報化と都市との関連などが，新都市社会学の重要な研究課題となっている．

5 地域社会における社会集団の研究

(1) ム ラ

日本の農村の人々の共同生活の単位を，ムラと呼ぶ．ムラは，現代の地方自治体の村（行政村）よりも規模がかなり小さく，農村の「区」や「部落」などの集落規模の集団に相当する．その多くは検地を通じ江戸時代初期に領主が確定した幕藩体制の支配の単位（藩政村）でもあった，といわれる．ムラを平均5ヵ村程度合併させて，明治時代の町村制の行政村はつくられたが，その際には，ムラを区とすることができる制度も設けられた．

鈴木栄太郎によると，日本の農村の集団や社会関係の空間的累積は，3層の集団累積体（「社会地区」）に集約できる．特に2番目の層（「第2社会地区」）すなわちムラの範囲には，結束の堅い社会的統一体が存在し，そこに

は，世代を超えて人々の行動を統制する体系的な行動規範が存在した．彼は，第2社会地区の社会的統一体を自然村と呼び，その行動規範を「村の精神」あるいは「自然村の精神」と呼んだ（鈴木 1940）．

また，有賀喜左衛門はムラの構成単位の家に着目し，家連合論を展開した．家は，その存続のため他の家々と連合し，相互扶助組織である家連合を形成する．家連合には，1つの有力な家と他の家々が主従の関係を結ぶ同族型と，家々がほぼ対等に結合する組型の2種類がある．つまり，本家と分家という系譜関係により結ばれた同族団と，冠婚葬祭や屋根葺きなど生活上の互助作業を行う近隣の家同士が形成する組である（有賀 1948）．

有賀は，ムラの諸条件の変化により2つの型の家連合は相互に転換するとしたが，福武直は，同族型村落と講組型村落という類型を提示し，生産力の発展により同族型は講組型へ移行するという図式を示した（福武 1949）．

(2) 町内会，自治会

国家総動員法などを受けて発せられた1940年の内務省訓令「部落会町内会等整備要領」が存在した期間を除けば，町内会設置の法的義務はない．だが，戦後，GHQが廃止を命じたにもかかわらず町内会は事実上存続し，サンフランシスコ講和会議後，名称も復活した．現在も日本のほとんどの地域に，町内会や自治会などの組織が存在する．1991年には地方自治法改定により，町内会は「地縁による団体」として法人格を取得できるようになった．

町内会の組織的特性として，以下の5点が指摘されてきた（中村 1965）．① 加入単位が個人でなく世帯である．② 一定地区に居住する全戸の半強制的または自動的加入が原則である．③ 活動目的が多岐にわたり包括的な機能をもつ．④ 行政事務の補完作用を果たす．⑤ 旧中間層の支配する保守的伝統の温存基盤となっている．だが，1960年代に東京の郊外で行われた調査によると，④と⑤はあてはまらない自治会も存在した．

町内会は，社会学の論争のテーマとなってきた（玉野 2002）．まず，その

前近代性や，役職を占める保守的な地域有力者が住民と行政との媒介役を務めることによる「政治と行政の混淆」（奥田 1964 p.11）の問題などが指摘された．それに対し，町内会は前近代的組織ではなく現代の都市生活に対応したもので，町内会をつくるのは日本の「文化の型」だ，という主張が登場した．さらにそうした「文化の型」論に対し，戦前に体制維持の基盤として国策で町内会が全国的に整備されたことを指摘する批判（秋元 1990）なども現れた．

論争の過程で，町内会の実態や歴史にかんする多くの研究が積み重ねられた（倉沢・秋元編 1990）．そして，「地域共同管理」を担う包括的な地域住民組織として，民主的な「生活地自治体」に発展させるべきだという主張（中田 1990）など，新たな視点の議論も登場した．

(3) コミュニティとコミュニティ政策

コミュニティの概念の代表的な定義としては，地域性と共同生活をその要件としたマッキーヴァーとページ（MacIver, R.M. and Page, C.H., 1949）の定義がある．だが，この概念は多義的である．高度経済成長期以降の日本社会では，規範的な意味で用いられることが多かった．

1969年，国民生活審議会のコミュニティ問題小委員会は，報告書『コミュニティ：生活の場における人間性の回復』を提出した．これは，高度経済成長期に従来の地域共同体が崩壊したとの認識に立ち，新しいコミュニティ，すなわち「生活の場において，市民としての自主性と責任を自覚した個人及び家庭を構成主体として，地域性と各種の共通目標をもった，開放的でしかも構成員相互の信頼感ある集団」の形成の必要性を訴えたものである．社会学者が関与してつくられたこの報告書は，従来の地域共同体の問題点を指摘したうえで，心理的安定と地域の問題解決能力の観点からコミュニティの意義を説いた．

1970年代には全国的にコミュニティ政策が実施された．社会学では，コミ

ュニティ形成の条件を探る研究が盛んになった．

　自治体のコミュニティ政策の典型は，地区を設定し，集会施設を建設し，その管理運営のための住民組織をつくる，というものであった（江上 2002 pp.24-27）．こうした政策に対しては，「ハコモノ行政」だとか，行政による住民の動員だとか，結局は町内会が担い手になったとかなどの批判もあった．また，コミュニティ政策の背後に，住民運動などを沈静化させ「社会の統合，秩序の維持」を狙う政府の意図を指摘する主張もある（竹中 1998 p.37）．

　1990年代後半には，福祉やまちづくりなど多様な分野で活動するボランタリー集団とのパートナーシップの形成を目指す方向に，コミュニティ政策を転換させる傾向もあらわれている（渡戸 1998）．そうしたボランタリー集団の多くは，諸個人が共通の関心によって緩やかにネットワーキングする特徴をもっている．

第3節　現代の社会変動と地域社会の動向

1　東京一極集中と地域開発

　1980年代以降のグローバリゼーションや情報化，産業構造のソフト化，サービス化の進行は，地域社会に大きな影響を与えた．

　企業の中枢管理機能が東京に集中し，東京圏への人口流入も増加した．東京一極集中現象である．地方では，産業構造の再転換で製造業が停滞，流出し，雇用が減少した地域が多い．

　1980年代以降の地域開発政策には，東京の世界都市化を目指す潮流と全国的な公共事業実施による「国土の均衡ある発展」を求める潮流が存在した．

　世界経済のネットワークの中枢的機能を果たす都市を世界都市と呼ぶが，政府や東京都は，世界的な都市間競争を意識し，東京をニューヨークやロンドンと並ぶ世界都市とするため，東京の大改造に取り組んだ．都市計画上の

規制は次々緩和，撤廃され，多国籍企業の立地などのためのインフラ整備に莫大な資本が投入された．

他方，1987年に策定された「第4次全国総合開発計画（4全総）」は一極集中への批判を受け，「多極分散型国土の構築」のためのインフラ整備を行う「交流ネットワーク構想」を掲げた．いわゆる「バブル」期には各地でリゾート開発が行われ，1990年代には景気対策の公共事業が全国的に展開された．「多軸型国土構造形成の基礎づくり」を目標に掲げ，1998年に策定された「21世紀の国土のグランドデザイン」（5全総）も，多くの公共事業を含んでいる．

東京改造事業も，全国的な公共事業実施も，莫大な「利権」とかかわるともいわれているが，現在，政府は巨額の借金を抱え，地方の公共事業を削減しつつある．また，「開発中心からの転換」を掲げた地域開発の枠組みの見直しにより，全総は5全総を最後に廃止され，新たに「国土形成計画」が今後策定されることになった．他方で，東京の改造は現在も進んでいる．「脱開発」の行方と地方で暮らす人々の生活の保障は，今後の課題である．

2　インナーシティとジェントリフィケーション

インナーシティとは，同心円地帯理論における推移地帯を指す．インナーシティの人口や雇用が減少し，さまざまな社会問題が発生することがインナーシティ問題である．1970年代のニューヨークやロンドンで，この問題が注目された．

高度経済成長期にもドーナツ化現象は起きていたが，昼間人口や経済活動は維持されていたので問題視されなかった．しかし，1970年代半ば以降，人口や雇用の減少，高齢化などの面でインナーシティ問題が注目され始めた．阪神淡路大震災の際には，インナーシティの住民が大きな被害を受けた．

東京にも人口減少地域は存在し，「バブル」期に住民が激減した地域もあった．しかし，世界都市政策による大規模再開発のため，ジェントリフィケ

ーションが進む地域も多かった．ジェントリフィケーションとは，再開発により住民の階層が上層に入れ替わることである．再開発では上層ホワイトカラー向けの空間がつくられ，そうした空間から貧困層は排除される傾向がある（ライアン 2001 p.116）．

3　現代都市の階層構造と地域社会の多民族化

　サッセン（Sassen, S.）によると，ソフト化，サービス化が進む現代の大都市では，従来，製造業で働いていた中間層が分解し，階層構造の分極化が起こる（2001）．金融業や法務，会計といった専門サービス業などで働く上層ホワイトカラーが一定程度増える一方，清掃や飲食業などのサービス業や零細製造業の非正規低賃金の職種の雇用が増加する．そうした不安定雇用には，多くの移住労働者（移民労働者・外国人労働者ともいう）が就労する．

　サッセンの説の日本の都市への適用の妥当性には議論もあるが，実際に1980年代後半以降，移住労働者は急増した．在日コリアンなどのオールドタイマー（ズ）との対比で，ニューカマー（ズ）と呼ばれる彼ら／彼女らは，大都市のインナーシティや地方の工業都市などで生活している．地域社会の多民族化，多文化化は確実に進行しているのである．

4　農政の転換と農村

　1999年，従来の農基法に代わる「食料・農業・農村基本法」が制定された．この農政の基本方針の転換は，食料自給率の低下や，農村における兼業化や混住化，農家の高齢化と減少，過疎化などへの対応であるのと同時に，グローバリゼーションのもとで進む農業貿易自由化の動きへの対応でもある．

　新しい基本法には，食料の安定供給確保の他，農村や農業のもつ多面的機能の重視や，多面的機能が発揮される場としての農村の振興などの政策理念が提示されている．この政策転換は，農村に今後少なからぬ影響を与えるだろう．

第9章 職業と組織

キーワード

労働，職業，従業上の地位，職業分類，職業構造，産業分類，産業構造，組織，官僚制，官僚制の逆機能，科学的管理法，ホーソン実験，人間関係論，フォード・システム，フォーディズム，労働組合，日本的経営，ネットワーク，NPO

第1節　職業とその関連概念

1　労　働

　人間は労働を通じて生活を維持向上させ，文明の物質的基盤を築いてきた．労働とは，人間が「自然素材を，かれ自身の生活のために使用しうる形態において獲得するために，かれの身体のもっている自然力，すなわち腕や足，頭や手を動かす」（マルクス 1867）多様な行為の総称である．労働はまた，「人間がその自然との物質代謝を，かれ自身の行為によって媒介し，規制し，調整する過程」（マルクス 1867）としてもとらえることができる．

　労働は，有償で行われる場合（有償労働）もあれば，無償で行われる場合（無償労働）もある．賃労働は典型的な有償労働である．家事労働は，たとえば性別分業のもとで女性が無償で行う場合には無償労働となり，サービス業者が料金と引き換えに行う場合には有償労働となる．ボランティアが無償で行う労働も，無償労働である．イリイチ（Illich, I. 1981）によれば，家事

労働などの膨大なシャドウ・ワーク（影の労働）すなわち無償労働が，現代の市場経済を支えている．

2 職　業

(1) 職業の定義

社会的分業が進行し，諸個人の担う労働が専門分化した社会では，多くの人々が生計を維持するために特定の有償労働に継続的に従事する．そのような有償労働が，職業である．総務省統計局の「日本標準職業分類」は，職業を「個人が継続的に行い，かつ，収入を伴う仕事」と定義している．

(2) 職業の意義

近現代社会において職業は，「社会と個人，あるいは全体と個体との結節点」（尾高 1953 p.4）としての意義をもつとされている．つまり，人々が職業に従事して役割を果たすことによって社会的分業は成立し，人々は，職業活動を通じて生計を維持するのみならず，アイデンティティの重要な基盤を獲得すると考えられている．これらの点を踏まえて，尾高邦雄は，「職業とは個性の発揮，役割の実現および生計の維持をめざす継続的な人間活動である」と規定した（尾高 1953 p.28）．デュルケム（1893）が社会の統合の核として職業団体に期待をかけたのも，社会的分業が進行した近代社会における職業の根本的な重要性ゆえのことであった（デュルケムについては第1章を参照のこと）．

他方，マルクスとエンゲルスは『ドイツ・イデオロギー』（1845-46）で，分業が止揚され，人々が職業に固定されない社会として共産主義社会を描いた．むろん，そうした社会は，分業により生産力が高度に発展することを前提とする．だが，彼らによれば，分業は私的所有と同義であり，「精神的活動と物質的活動，享受と労働，生産と消費とが，別々の個々人に帰属する」という矛盾を生み出すものである．

なお，職業が人々の社会生活の基盤になっているということは，そこから排除されること，たとえば失業や何らかの事情で職業に就けないことが，深刻な苦痛や不利益をもたらすということでもある．人を「個々の人間としてではなく，1人の職業人としてのみ評価する，したがって職業人にあらずば一人前の社会人ではないと考える」態度は，「職業を持たない人，また持てない人」への軽視や差別を生むという指摘もある（馬場・岡本 1977 pp.21-22）．さらに，「職業に貴賎なしとはいいながら，その職業が，その人にたいする社会的評価を大きく左右するという」問題も存在する（馬場・岡本 1977 p.21）．

(3) 階層，階級と職業

職業は，社会的分業における特定の役割を果たす地位であり，諸個人の経済生活や意識に規定的ともいえる影響をおよぼすものであり，階層分析の重要な指標として用いられている．

また，マルクス主義の階級論においても職業は，「従業上の地位」などと組み合わせて，階級所属を測定するために用いられる（橋本 2001 pp.87-94）（階級と階層については第5章を参照のこと）．

なお，従業上の地位とは，事業所における個人の地位をあらわす概念であり，国勢調査では「雇用者」「役員」「雇人のある業主」「雇人のない業主」「家族従業者」「家庭内職者」に区分されている（2000年調査から，「雇用者」に「常雇」と「臨時雇」の区分を設けるようになった）．

(4) 職業分類と職業構造

「日本標準職業分類」によれば，職業分類とは「個人が従事している仕事の類似性に着目して区分し，それを体系的に配列したもの」である．文字どおり社会に存在する職業の分類であり，統計を調査対象者の職業別に集計し，分析する際に使用される．

1997年に改訂された日本標準職業分類は，「大分類」「中分類」「小分類」

の3段階からなり，大分類は10，中分類は81，小分類は364の項目により構成されている．大分類の10項目とは，「専門的・技術的職業従事者」「管理的職業従事者」「事務従事者」「販売従事者」「サービス職業従事者」「保安職業従事者」「農林漁業作業者」「運輸・通信従事者」「生産工程・労務作業者」「分類不能の職業」である．

職業分類を通じて把握された，ある社会における職業の全体的な構成を職業構造と呼ぶ．職業構造は，経済社会の変動を表す指標の1つでもある．1997年の日本標準職業分類の改訂では，「専門的・技術的職業従事者」などの項目で分類が増加し，「生産工程・労務作業者」などの項目で分類の廃止や統合が目立った．こうした職業分類のカテゴリーの再編も，職業構造の変動と関連する．同年の統計審議会の答申は，「情報化の進展，消費行動の変化等」の職業構造への影響の分析と，「企業活動の多角化，国際化等の進展」により増加した「企業内における法務・財務などの専門的な知識を必要とする職業」，すなわち「企業内事務系専門職業従事者の分類」の2点を，今後の課題としてあげている．

3 産業，産業分類，産業構造

職業が，社会的分業のなかで個人の担う活動をあらわす概念であるのに対し，産業は，事業所の行う経済活動をあらわす概念である．総務省統計局の「日本標準産業分類」は，産業を「事業所において社会的な分業として行われる財貨及びサービスの生産又は提供に係るすべての経済活動」と定義している．

産業分類とは，事業所が社会的分業のなかで担っている経済活動を分類したものである．「第1次産業（農林水産業）」「第2次産業（鉱工業）」「第3次産業（サービス業）」という分類がもっとも一般的である．

産業構造とは，ある社会における産業の全体的な構成のことである．具体的には，第1次産業，第2次産業，第3次産業の構成比，すなわち就業者数

の比率や生産価値の比率などによって把握される．産業構造からみれば，産業化とは，第1次産業に代わって第2次産業の構成比が高まることであり，サービス経済化とは，第3次産業の比率が高まることである．

第2節　組織とその分析視角

1　組織とは何か

　現代社会における職業労働の多くは，組織のなかで行われる．組織に関する社会学的研究は，社会的分業が大規模に進行し職業の分化が進んだ産業化の過程で生み出されたのである．

　社会学における組織の概念には，抽象化の水準が異なる複数の用法が存在する．1つは，バーナード（Barnard, C.I. 1938）の定義である．彼は，「組織とは意識的に調整された人間の活動や諸力の体系と定義される」と述べ，集団とは異なる水準で組織を定義した．この意味での組織とは，人々が実際に協力して作業する際に出現する活動や諸力の体系のことである．

　しかし，バーナード自身も認めているように，組織という概念は，より一般的には，特定の目的を達成するためにつくられた，成員の活動を調整する公式の規則を備えた集団を意味して使用されることが多い．たとえば，エツィオーニ（Etzioni, A. 1964＝1967 p.3）によれば，「組織とは，特定の目的を求めるため，とくに構成され，また再構成された社会単位（または人間集合）である．企業，軍隊，学校，病院，教会，および刑務所などがそうであるが，部族，階級，種族的集団，友人集団，および家族などはのぞかれる」．

　さらに，成員の間に共通の関心があり，内部で地位と役割が分化し，一定の規範や共属意識を有する集団を，集団類型論では組織的集団と呼ぶ（集団類型論については第4章を参照のこと）．この場合には，家族などもそのカテゴリーに含まれる．

2　官僚制化と官僚制論

(1)　官僚制化とヴェーバーの官僚制論

19世紀後半以降，さまざまな集団内部で組織としての構造の整備が進行し，また，組織の数や規模が飛躍的に増大し，さらには，「多くの組織群がそれぞれに力をつけていくことによって，社会の性格づけやそれの変動に対して大きな影響力を行使」する傾向が強まった（梅澤 1988 p.5）．とりわけ，官僚制と呼ばれる構造をもった組織の巨大化と社会的影響力の拡大が顕著であった．社会学の確立期でもあったこの時期に官僚制的組織を分析したのが，ヴェーバーの官僚制論である（ヴェーバーの官僚制論については第1章を参照のこと）．

ヴェーバー（1956）は，政治的支配の領域における合理化の進行を示すために近代官僚制を論じたのだが，彼の述べる支配とは，国や自治体のみならず民間企業など経営幹部を有する団体すべてにみられる現象である．ゆえに，官僚制化は近代の組織全般にかかわる問題であり，ヴェーバーは，全社会的に官僚制化が進行すると考えた．「没主観的」な専門家によって構成される官僚制は，「他のあらゆる形に比べてそれが純技術的にみて優秀」であり，近代資本主義の要求に応えるものだからである．

ヴェーバー（1918）は，官僚制的組織という「生きた機械」が，工場に設置されている「死んだ機械」と「手を結んで，未来の隷従の容器をつくる働きをしている」と述べ，官僚制化の進行を悲観的に描いた．巨大な官僚制的組織によって人間性や民主主義が抑圧される，という危機意識は，ヴェーバーのみならず近現代の多くの人々に共有されてきた．

(2)　官僚制の逆機能

だが，とりわけアメリカの少なからぬ研究者たちは，ヴェーバーの官僚制論を効率的な組織構造の研究とみなした．その観点からヴェーバーを批判し，官僚制の問題点を指摘したのが，マートン（1940）の「官僚制の逆機

能」論である．

官僚制的組織は，組織目標の達成のために規則を制定し，成員に遵守を要求するが，マートンによれば，その要求への過剰な同調が規則遵守の自己目的化，つまり「目標の転移」をもたらし，迅速な適応能力の欠如，形式主義，儀礼主義などの逆機能を生む．マートンは，官僚制的組織における規律重視の人事労務管理や，職員の間に生じる運命の共有の感情，職員の専門技量に対する誇りが，同調過剰による目標の転移をもたらすと主張した．

ただし，こうしたマートンの議論については，実証的研究を踏まえたものではないので，現実に「いかなる時にいかなる条件下で」逆機能が生じるのかを説明していない，という指摘もある（佐藤 1991 pp. 159-165）．

3 科学的管理法と人間関係論

(1) 科学的管理法

労働現場における作業の体系化や効率化への関心が高まった20世紀初頭のアメリカで，テーラー（Taylor, F.W. 1911）は，労働者の怠業を防ぎ「工具および機械が最大の生産力を発揮」するにはどうすべきかを研究し，科学的管理法を提唱した．

テーラーは，熟練工の動作やそれにかかる時間の研究（動作研究と時間研究），さらには彼らが使う用具の研究を行い，課業や工具を標準化する必要性を主張した．彼はまた，達成の度合いにより作業単価が変化する出来高賃金制や機能的職長制の導入の必要性も説いた．その基本的な考え方は，適切な報酬で意欲を刺激し，仕事の手順やフォーマルな組織体系を確立し，物理的な条件を整えれば，労働者の生産性を最大化させることができる，というものであった．

(2) ホーソン実験と人間関係論

1920年代から30年代にかけてアメリカのウェスタン・エレクトリック社の

ホーソン工場で行われたホーソン実験と総称される一連の研究は，科学的管理法の考え方に根本的な疑問を突きつけ，産業や組織に関する社会学的研究を発展させる契機となった．

ホーソン実験は，物理的作業条件（照明）と労働者の生産性の関連の研究から始まり，メイヨー（Mayo, G.H.）やレスリスバーガー（Roethlisberger, F. J.）らが途中から参加し，継電器組立作業実験，大規模面接調査，配電器巻線作業実験を経て，以下の知見をもたらした（エツィオーニ 1964，尾高 1963 pp. 90-99）．

すなわち，第1に，労働者の生産性にもっとも重要な影響を与えたのは，物理的作業条件や公式の制度よりも，彼女／彼の置かれた社会的状況のもとで形成された労働意欲（モラール）だったということ，第2に，労働者は，経済的報酬による刺激や組織の公式の規則よりも，職場のインフォーマルな集団（インフォーマル組織）の規範にしたがって作業し，それによって生産や職場秩序が維持されていたこと，つまり，労働者は，単純に経済的合理性を追求して行為する存在ではなく，社会的な存在なのだということである．

ホーソン実験は，インフォーマル組織を重視する人間関係論と呼ばれる研究アプローチを生んだ．人間関係論は，経営管理の思想としても大きな影響力をもち，多くの職場で小集団活動などの手法が採用された．人間関係論的な経営管理手法には，小集団を対象とする実験などを用いて集団の一般的な法則を研究する集団力学（グループ・ダイナミクス）の知見が応用されている．

4　実証的研究の展開

ホーソン実験は，産業社会学の出発点となり，組織に関するさまざまな実証的研究が蓄積される契機にもなった．

官僚制論における有名な実証的研究の1つに，グールドナー（Gouldner, A.W.）の『産業における官僚制』（1954）がある．彼は，アメリカのある鉱

山で起きた「山猫スト」(労働組合本部の決定なしに,自然発生的に行われるストライキ)の調査を通じて,職場に官僚制が導入される過程を分析した.そして,官僚制を,その形成過程によって「代表官僚制」「懲罰官僚制」「擬似官僚制」の3つに類型化した.ヴェーバーの学説における近代官僚制は代表官僚制に相当するが,それ以外の類型の,必ずしも合理的に作動しない官僚制もあることを示したのである.

5　近代組織理論

フォーマルな組織の確立を掲げる科学的管理法の考え方と,インフォーマル組織の意義を強調する人間関係論の発想を統合し,組織に関する総合的な理論をまとめたのが,バーナード(1938)らであり,その理論は近代組織理論と呼ばれている.

バーナードによれば,組織の成立に必要な要素として,①協働意欲,②共通目的,③コミュニケーションがあげられる.そして,組織の存続には,有効性と能率が要件となる.有効性とは,組織の共通目的を達成する能力であり,能率とは,諸個人の協働意欲を満たす誘因を提供する能力のことである.

第3節　社会変動のなかの職業と組織

1　フォード・システムとフォーディズム

職業や組織の現実のありようは,社会変動とともに変化を遂げていく.職業や組織に関する問題関心や研究課題も同様である.

20世紀前半,アメリカのフォード社は,科学的管理法の発想にもとづいて編成した課業とベルトコンベアなどの機械を連動させ,大量生産の体制をつくりあげた.このよう生産システムをフォード・システムと呼ぶ(山田 1993 p.97).フォード・システムは世界に広がり,20世紀の産業化の基盤となっ

た.

　また，フォード社は，相対的に高い賃金を労働者に支払った（山田 1993 p.112）．これは戦後，労働者が商品の消費者として市場に大量に登場する前触れとなった．各国の労働組合は戦後，フォード・システムの単調労働を受け容れることと引き換えに，生産性上昇に連動する賃金上昇システムを導入させたのである．福祉国家化にともなう社会保障制度の整備拡充による所得再分配も，商品を購入する消費者を増加させる効果をもった（福祉国家については第14章を参照のこと）．これらは，大量消費の基盤となった（山田 1993 pp.118-127）．

　大量生産の体制は，大量消費と連動することにより継続的な作動が可能になる．こうした大量生産と大量消費を特徴とする資本主義の発展様式（山田 1993 pp.87-89）を，フォーディズム（フォード主義）と呼ぶ．フォーディズムは，第2次世界大戦後に確立し，資本主義諸国の経済成長を支えた．

2　フォーディズムにおける労働・組織の変容と社会学的研究の展開

(1)　労働および組織の変容

　工場のベルトコンベアの組み立てラインでの定形化された作業の繰り返しが，フォード・システムの典型的な労働であった．とはいえ，こうした労働形態は，スムーズに普及したわけでは決してなく，導入に対する労働者の反発は激しかった．労働者が自主的に結成した団体である労働組合と経営者の対立と交渉を経て，すでに述べたような妥協が成立したのである．だが，フォーディズム時代の末期には，フォード・システムのもたらす疎外状況への，労働者の「散発的で無統制，かつ自然発生的な（略）反乱」，すなわち「逃散や欠勤，サボタージュやストライキ，現代的ラッダイト」が頻発した（寿里 1977 p.213）．

　他方，この時代には，企業組織の規模の拡大，すなわち官僚制的組織の大規模化が進行したが，それとともにスタッフ部門などで働くホワイトカラー

も増加した．なお，スタッフ部門とは，組織の主たる目標の実現を直接担うライン部門を支援するために，組織のなかで企画や調査などを担当する部門をいう．また，増加したホワイトカラーの内部では，労働の内容や権限，報酬などが多様化した．さらに，1960年代頃からは，オートメーション化やコンピュータの発達などの技術革新の影響が，ブルーカラーのみならずホワイトカラーの職場にもおよんだ（ブルーカラーとホワイトカラーについては，第5章を参照のこと）．

(2) 社会学的研究の展開

以上の変動のもとで，労働や職業，産業，組織に関する社会学的な研究は発展した．産業社会学者の石川晃弘の整理によれば，まず，「人間が生み出した機械装置に人間がますます従属させられることへの危機感」が，「機械技術の進歩，特に機械化・自動化の進展と人間労働との関係」への問題関心を生んだ（石川 1988 p.12）．たとえば，フォーディズムのもとで進行したオートメーション化と労働者の疎外との関連に多くの研究者が注目した．

また，組織の巨大化と労使関係の展開は，「大規模化した企業組織とそのなかで働く人間の関係」や「労働組合と経営との関係」を研究課題に浮上させた．これらの研究は，「産業社会における社会再統合の可能性」を探る意義をもつものでもある（石川 1988 p.11）．たとえば，前節で紹介した人間関係論や近代組織理論などの組織論は，そうした研究の流れに位置づけることができる．1960年代後半頃からは，経営参加や自主管理などへの関心も高まった．

3 「日本的経営」論

フォーディズムは1960年代末から70年代初頭にかけて行き詰まり，世界的な不況期が訪れた（山田 1993 pp.127-131）が，その頃から1980年代にかけて，「日本的経営」論が流行した．「日本的経営」とは，論者が日本独自のも

のとみなすさまざまな「人事労務慣行の体系を内在している日本の伝統的な企業経営のスタイル」を表現する言葉である（尾高 1984 p.4）．

「日本的経営」論は，日本の経済社会が第2次世界大戦による破滅から短期間で復興と産業化を果たした要因を，「日本的経営」の特徴に還元して説明した，海外の学者や団体による研究を源流とする．1970年に来日調査を行った「経済協力開発機構（OECD）」は，「終身雇用慣行」「年功序列制度」「企業別労働組合」の3つを，「日本的経営」の「三種の神器」とした（尾高 1984 p.11）．

やがて，「日本的経営」をフォード・システムの限界を乗り越える経営スタイルだと考える人々もあらわれた．海外での関心が高まるとともに，日本社会には「日本的経営」への自画自賛もあふれるようになった．同じ頃，日本社会の「特殊性」を肯定評価する「日本文化論」も流行した（青木 1999 pp.86-133）．

だが，戦後日本の産業社会学や職業社会学をリードした尾高邦雄（1984）は，「日本的経営」を礼賛する議論を，「現実を逸脱した虚構や誇張」を含む神話だと批判した．たとえば，「日本的経営」の特徴とされ賛美された人事労務慣行の多くをセットでそろえているのは，日本の企業のごく一部にすぎない大企業だけであり，大企業のなかでそれが適用されるのは，新規学卒採用の男性正社員だけでしかない．ただし，尾高は，「お国自慢の日本的経営論」の流行を，「日本ファシズム台頭期に似た思想的状況」だと警告したが，「日本的経営」の存在自体を否定したわけではなく，実像を客観的に分析し，そのメリットとデメリットを冷静に見極める必要性を強調したのである．

4　新たな社会変動のなかの職業と組織

20世紀末期における電子工学などの発達による技術革新と情報化のいっそうの進展，経済的なグローバリゼーション，そして「政策思想」としての新自由主義の浸透は，人々の職業生活や企業組織の形態などに大きな変化をも

たらしている.

(1) 新自由主義的「改革」の進行と雇用の非正規化，流動化

1990年代，経済社会の「日本的」な諸制度は，一転して批判の的となり，「改革」の対象となった．日本の企業では，「容赦のないリストラとそれにともなう人員削減」や「能力主義」的人事管理の導入が流行した（石川 1999 p.5）．

「日本経営者団体連盟（日経連）」（2002年に「経済団体連合会（経団連）」と合併し，「日本経済団体連合会（日本経団連）」となった）は，1995年に『新時代の「日本的経営」』を発表し，雇用労働者を，「終身雇用」を維持する一部の幹部候補の「長期蓄積能力活用型グループ」と，企画や研究などに従事する有期雇用の「高度専門能力活用型グループ」，いわゆる一般職などに従事する有期雇用の「雇用柔軟型グループ」に分け，労働力を「弾力化」「流動化」させることを提言した．実際，近年，労働法制の「規制緩和」も進行し，低賃金の非正規雇用労働者が増加している．すでに述べたように，職業は実質的に現代人の社会生活の基盤となっているが，その安定の享受から排除される人々が増えているのである．

(2) 情報通信技術の発達とネットワーク組織の形成

グローバルな競争の激化のなかで進んだ情報通信分野の技術革新は，近代社会の組織編成の標準原則であった官僚制的組織構造を，大きく変える可能性をもつことが指摘されている．現代の社会環境のもとでは，「フラットなネットワークで結ばれた小型組織」の方が，「階統的構造をそなえた大型組織」よりも合理的だと考えられるようになってきており，そうした組織構造を可能にする条件を技術革新が整えてきたからである（石川 1999 p.2）．

他方，ネットワーク的な組織のあり方は，産業社会のもたらすさまざまな疎外状況を告発する社会運動においても，オルタナティブな人間結合のあり

方として追求の対象となってきた（星野 2004 pp. 185-192）．

だが，「ネットワーク」の名のつくものが，つねに権力構造のフラット化をもたらすとは限らない．たとえば，1999年の「住民基本台帳法」改定以降進行している住民基本台帳のネットワーク化は，さまざまな個人情報システムと結合し，市民に対する包括的できわめて強力な監視システムをつくりあげる恐れがあることが指摘されている（小倉 2005）．

(3) 市民の自発的な社会活動と NPO

日本社会では，1995年の阪神淡路大震災の際のボランティアの活躍などを契機に，市民の自発的社会活動が注目されるようになった．非営利の社会活動のために市民がつくる組織を，「非営利組織（NPO）」と呼ぶ．「非政府組織（NGO）」という言葉は従来，「国家間では解決しにくい難民問題などを扱う国連の経済社会理事会が協力関係をもつ非政府組織を指し」ていた（早瀬・松原 2004 p.5）が，現在では広く国際的な活動を行う NPO を指して用いられる．

NPO の活動を促進するため，1998年に「特定非営利活動促進法（NPO法）」が制定され，法律で定めた要件を満たす NPO が，「特定非営利活動法人（NPO 法人）」として法人格を取得できるようになった．

NPO には，「たんに社会的ニーズの充足という対外的機能だけでなく，企業や行政の官僚的組織のなかでの労働とは質的にちがう，自主的・自発的・自己実現的な人間的労働を構想していくという，対内的機能も期待されている」（石川・田島編 1999 i-ii）．ただし，近年の財政危機のなか，NPOが行政によって安価な労働力として利用される，という問題も生じている．

第10章 産業化と環境問題

キーワード

産業化，産業社会，産業革命，経済成長段階説，脱工業社会，科学技術の発展，医療化，医原病，リスク社会，公害，四大公害，南北問題，エコロジー，持続可能な発展，循環型社会，環境リスク，リスク論

第1節　産業化と現代社会

1 産業化と産業革命

(1) 産業社会の成立

　産業化とは，農業社会から産業社会へと社会のあり方が移行していくことである．それは，主に人力や家畜の力によって農業生産が行われていた社会から，機械によってモノが生産される社会へと移行する過程である（今田 2003 pp.1-5）．

　18世紀後半にイギリスで起こった産業革命が，産業化の出発点であった．

　産業革命以前には，工場でのモノの生産は，熟練した労働者にしか使いこなせない複雑な道具と熟練工の技術によって行われていた．数人程度の職人によって毛織物などが生産される，いわゆるマニュファクチュア（工場制手工業）という生産形態であった．

　このような道具や熟練による生産にかわって，機械を導入したことが産業

革命の始まりである．モノの生産に機械が使われると，生産の効率が一挙に高まり，大量生産が可能になる．工場は続々と機械を導入し，数人の職人ではなく，大量の労働者によって生産が行われるようになった（金子・長谷川 1993 pp.47-48）．

また，工場は大規模化し，工場を中心に労働者など多くの人々が都市を形成し，そして農村地域にも工場が進出していった．農業中心の農業社会から工業中心の産業社会へと，社会のあり方が変動したのである．

(2) 産業革命における技術革新

生産過程への機械の導入が可能になったのは，技術革新や発明があったからである．そのなかでも有名なものは，ワットによる蒸気機関の改良である．蒸気船や蒸気機関車など，さまざまな機械に動力源として蒸気機関が応用されるようになった（池内 2003 pp.30-32）．効率のよい動力源によって，機械の性能は上がり，工場生産の効率も高まった．他の技術革新や発明には，木炭に代わって石炭を燃料とすること（燃料革命），交通・運輸などの移動手段の発達（交通革命）などがある．

2 経済成長と脱工業社会

(1) 経済成長段階説

ロストウ（Rostow, W.W.）は『経済成長の諸段階』(1960) のなかで，すべての社会が，5つの成長段階を経て，伝統社会から産業社会へ移行するとした．その5段階とは，① 伝統的社会，② 離陸のための先行条件期，③ 離陸，④ 成熟への前進期，⑤ 高度大衆消費社会である．

また，ロストウは，社会発展には多元的な決定要素があると主張し，社会の発展が生産力という土台によって決定されると考えるマルクスの唯物史観を批判する．さらに，彼の主張は，経済成長を目指す発展途上国に対して，産業社会への離陸の条件を提示するものとして注目された．

(2) 脱工業社会

ベル (Bell, D.) は，産業社会以降の社会のあり方を視野に入れ，社会変化の一般的な図式を提示する．『脱工業社会の到来』(1973) で示された図式は，① 前工業社会，② 工業社会，③ 脱工業社会である．前工業社会とは農林漁業などの第1次産業を中心とする社会であり，工業社会は，製造業である工業などの第2次産業を中心とする社会である．前項でみてきた，工業を中心とする産業社会がこれにあたる．

ベルによれば，科学技術が高度に進歩し，産業化がさらに発展した先進工業社会は，脱工業社会へと移行する．ベルは主にアメリカ経済を分析したが，脱工業化の過程は，ほとんどすべての先進国にあてはまるとされる．

脱工業化とは，物的生産物よりも知識的生産物が中心の社会へと移行することである（福谷 1999 p.32）．脱工業社会では，サービス業，金融，商業，教育，研究などの第3次産業が経済の中心となり，専門職・技術職，研究者などの知識や情報を有する者が優位になる．

3 科学技術の発展と社会への影響

(1) 科学技術の発展

産業革命以来，エネルギー，材料技術（物質材料の発見・発明・改良，加工技術），輸送・移送技術，情報通信，医療などさまざまな領域において，科学技術は発展してきた．たとえば，エネルギーや材料技術と輸送技術の発達によって，人間が移動できる範囲は，空間的にも時間的にも格段に広がった．また，医療技術の発達は，人々の平均寿命を延ばし，乳幼児死亡率を低下させた（文部科学省 2004 p.4）．科学技術の発展は，人々の生活水準を向上させ，経済成長を可能にさせてきたといえる．

その一方，産業化の進展によって，大気や水の汚染，木材の過剰伐採，天然資源の枯渇，酸性雨，オゾン層の破壊，地球温暖化などの環境問題，そして化学物質による健康被害などが生み出されてきた（金子・長谷川 1993 pp.

61-62，今田 2003 p.24）．さらに，クローン技術，ヒト ES 細胞（ヒト胚性幹細胞），遺伝子解析研究，遺伝子組み換え技術などの先端的な科学技術は，安全性の問題とともに，生命倫理的な問題をともなっている（文部科学省 2004 pp.76-79）．

(2) 医療化社会

医療化とは，従来は医療の対象ではなかった人々の身体的・精神的状態が，病気や異常とみなされ，そして医療の対象とされていくことである（佐藤 1999 pp.122-123，立岩 2003 p.261）．医学や医療技術の発展とともに，医療化の傾向は促進されてきた．医学や医療技術が高度なものとなり，医療化が進んだ社会のことを医療化社会という．

イリイチ（Illich, I.）は『脱病院化社会』(1976) のなかで，現代の医療化が過剰な医療の介入であること，そして医原病を引き起こしていることを批判した．

医原病とは，検査，診断，治療などの医療行為が引き起こす疾患のことであり，たとえば，薬の副作用や抗生物質投与による全身性ショックなどがある．イリイチによれば，医療技術の結果生じる痛み，機能不全，麻痺などは，交通事故や労働災害にもとづく病的状態に匹敵しており，医原病は現代の流行病の1つであるという．そして，医原的流行病を阻止するためには，素人が可能なかぎりの広い視野，知識と力をもつこと，過剰な医療の介入に制限を加えることが必要だと主張する．

(3) リスク社会

科学技術が進歩するにつれて，そして日常生活のなかに広く浸透するにつれて，今後ますます，科学技術がどのような負の影響を生み出すのかということ，つまり，科学技術のリスクに対処しなければならなくなる．リスクとは，望ましくない出来事や重大な被害が起きる確率のことである（中西 2004

p.102).

ベック (Beck, U.) は，『危険社会』(1986) において，近代の社会は，古典的な産業社会からリスク社会へと移行していると主張した．科学技術の成果を利用するというよりも，科学技術が生み出すリスクにいかに対処するのかに迫られている社会が，リスク社会である．ベックがあげる例の1つに，原子力技術がある．チェルノブイリ原子力発電所の事故が示すように，原子力のリスクは，国境を越え，かつ致命的な事態を生じさせるものである．

第2節　現代社会と環境問題

1　公　害

(1)　公害と産業化・工業化

公害とは，環境の悪化によって生じる問題のなかで，主として人間の生命や健康，そして生活全般に重大な被害を与えるものである（飯島 2000 p.5-6）．広い意味での環境問題のなかに含まれるが，公害に特徴的なことは，とくに人間の生命や生活に被害を及ぼし，発生源が主に事業活動や人の活動ということである（庄司・宮本 1975 p.3）．

公害は，産業化・工業化の進展とともに，より大規模で，深刻な影響を及ぼすものとなった．その出発点は，18世紀イギリスの産業革命である．工場から排出される煤煙や汚水が大気や水を汚染し，人の生命・健康に甚大な被害を与えた（庄司・宮本 1964 pp.138-140）．その後，産業化が世界へと広まっていくとともに，公害による被害も世界各地で生じるようになった．

(2)　日本における公害の歴史：明治期

炭坑や銅山などでの健康被害は，封建時代から生じていた（飯島 1977 p.3）．

産業化と公害という点からみると，日本の公害史の原点は，明治時代の足

尾銅山鉱毒事件だといわれている．足尾銅山から排出された重金属が渡良瀬川を汚染し，その川水を農業用水としていた沿岸一帯の農作物に被害を与え，さらに農漁民に砒素中毒による健康被害を発生させた（飯島 2000 pp.57-58）．明治時代の基幹産業（鉱山業，紡績業，製鉄業）のうち，鉱山業が中心的な公害発生源であった．足尾銅山事件の他には，別子銅山の煙害事件がある（飯島 2000 pp.61-61）．

(3) 日本における公害の歴史：戦後

第2次世界大戦後，産業化・工業化の進展にともない，世界各国で，公害の発生に拍車がかかり，また大規模なものとなった．日本では，戦後復興期から高度経済成長期が公害の時代だといわれている．四大公害事件（熊本水俣病，新潟水俣病，イタイイタイ病，四日市喘息）をはじめとして，工場や自動車からの排出ガスによる大気汚染，光化学スモッグ，河川・湖沼の水質汚染，赤潮などの公害が全国的に発生した（飯島 2000 p.136）．

1960年代後半，四大公害事件のそれぞれで裁判が始まった．1970年には14の公害関係法が成立し，このときの国会は「公害国会」と呼ばれている（飯島 2000 pp.162-163）．

公害の時代を経て，戦後の日本は，公害に対する法制度を整備してきた．しかし今日でも，自動車などの排気ガス，産業廃棄物による土壌や水質の汚染，生活排水による水質汚染など，人の生命や生活に被害を与えるさまざまな公害が，解決すべき課題として残されている．

2　南北問題

(1) 南北問題

南北問題とは，豊かな「北」の先進工業諸国と貧しい「南」の発展途上国の経済格差とその是正をめぐる諸問題のことである．先進国が北半球に多く，発展途上国が南半球に多いことから「南北問題」と呼ばれる．具体的な

表10-1 日本公害史の概略（明治期〜1970年まで）

年	出来事
1878	渡良瀬川（栃木県）で足尾銅山の鉱毒害が著しくなる
1880	栃木県令，渡良瀬川の魚を有毒と警告
1882	渡良瀬川の鮎・鱒など，それまで多産であった魚類が激減
1883	大阪紡績の工場煤煙が問題化され始める
1885	別子銅山（愛媛県）の亜硫酸ガス被害広がる
1890	渡良瀬川大洪水，煙害地域の鉱毒被害が激化
1897	足尾鉱毒事件の被害民2000人，請願のため徒歩で上京
1907	日立鉱山（茨城県）の煙害により，農作物に被害
1918	荒田川（岐阜県）水質汚濁：紡績，製紙，食品工場からの排水
1923	川崎大師漁業協同組合員300人，海苔被害で鈴木商店味の素工場に押しかける
1934	警視庁，東京市における自動車の騒音取締を実施
1937	日本亜鉛電解工場（群馬県），操業第1日より有毒ガス発生，付近一帯の篠笹白変
1941	国策パルプによる石狩川汚濁，水稲被害（約1万町歩）
1942	このころ熊本県水俣地区にて，すでに水俣病と疑われる患者発生
1947	このころ既に水俣市で新生児の有機水銀による被害が存在していた（胎児性水俣病患者と同程度の有機水銀が体内に）
1948	東京都内湾河川の汚染が問題化
1950	兵庫パルプ谷川工場により加古川沿岸農漁民に被害発生
1951	「横浜ぜん息」発生
1952	熊本県水俣市百間港内湾で，貝類，ほとんど死滅
1953	水俣市で，水俣病認定第一号となる患者が発病（この段階では原因不明の症状，のちに認定される） 山口県下で日本石油下松製油所排水により異臭魚発生 水俣市海沿いの漁村部落で，猫3匹が全身を痙攣させ死亡
1954	第5福龍丸の水爆被害事件発生 水俣湾周辺漁村で猫の死亡がひんぱんに
1955	東京にスモッグ立ちこめる（このころ，スモッグの出現がひんぱんに） 医学会においてイタイイタイ病に関する発表 森永乳業のヒ素混入粉乳による中毒（乳児に下痢・発熱・嘔吐・皮膚の色素沈着など）
1956	水俣病，原因不明の奇病として水俣保健所より発表される

1957	熊本大学医学部,「水俣病の原因は重金属,それも新日窒の排水に関係あり」と発表 大昭和製紙工場(富山県)からの塩素ガスで,稲が枯死
1958	本州製紙江戸川工場(東京都)の汚水事件,浦安などの沿岸漁民,工場に乱入し警官隊と衝突
1959	熊本大学水俣病総合研究班,水俣病の原因は水銀と結論
1960	四日市市塩浜地区自治会,騒音,煤煙,振動がひどいと市に陳情
1961	四日市市にぜん息患者が多数発生
1962	東京にスモッグ続き,問題化(視界200mのときも)
1963	東京重機工業会社メッキ工場から,大量の青化ソーダと青化銅,多摩川に流入
1964	新潟に水俣病患者発生(このときは病名不明)
1965	新潟大学,新潟県阿賀野川沿岸における水俣病症状患者の集団発生を発表
1967	新潟水俣病被害者,昭和電工を相手どり損害賠償請求訴訟をおこす(四大公害訴訟の第一号) 四日市市の公害認定患者99人,石油コンビナート6社を相手どり損害賠償請求訴訟をおこす(四日市公害訴訟)
1968	イタイイタイ病患者,三井金属鉱業を相手どり損害賠償請求訴訟提起(イタイイタイ病訴訟)
1969	熊本の水俣病患者,チッソを相手どり損害賠償請求訴訟(熊本水俣病訴訟)
1970	「公害国会」(第64臨時国会),改正公害対策基本法・公害罪法など公害14法が可決成立

備考) 総理府(1971),飯島(1977),公害問題研究会(1981)をもとに作成

問題としては,貿易にかかわる問題(先進国市場への依存度の高さ,1次産品問題),開発援助,技術移転,債務累積問題,エネルギー問題などがある(矢野 1982 pp.62-72).

南北問題という言葉が初めて使われたのは,1959年のことである.北と南の経済格差は植民地時代にまでさかのぼるが,第2次世界大戦後になって,その経済格差が解決すべき問題としてとらえられるようになったのである(矢野 1982 pp.12-13).

1962年,南北問題の経済面における解決のため,国際連合に国連貿易開発会議(UNCTAD)が設立され,64年の第1回総会で途上国「77カ国グループ(G77)」が結成された.そして74年の第6回国連資源特別総会において,

南の諸国の要求を集約した「新国際経済秩序（NIEO）」の宣言が採択されることとなった（矢野 1982 pp.53-54）．

(2) 環境の南北問題

経済的な問題と関連して，環境という領域においても，南北問題が存在している．

まず，先進諸国が発展途上国に対して進める大規模開発や工場進出が，自然破壊や公害の発生源となることである．それは，発展途上国への「公害輸出」と呼ばれることがある（寺田 2001 p.242）．

また，先進諸国の消費動向に応じるため，自然破壊をともなう開発が行われてしまうことがある．たとえば，特定の商品の原料を栽培するために，輪作や原生林の開拓によって広大なプランテーションを形成（一例として，ヤシ油のために，広大なアブラヤシ・プランテーションを形成）することなどがある（宮内 1998 pp.164-165）．

さらに，太平洋の島嶼国のなかには，地球温暖化による海面上昇によって，国土そのものが危機的な影響を受ける国々もある．このように環境をめぐる問題においても，北と南のあいだに格差が存在しているのである（さがら 2000）．

3 環境保護と持続可能な社会

(1) エコロジー

エコロジーとは，19世紀半ば，ドイツの植物学者であり哲学者のヘッケル（Haeckel, E.）によって作られた言葉である．本来は，生物と環境との相互作用を研究する学問である「生態学」を意味する（鳥越 2004 p.23）．

1960年代になると，急激な産業化による自然環境破壊に対して，さまざまな憂慮や警告が発せられるようになる．そして，自然環境を保護する運動や思想が高まってくると，「エコロジー」という言葉で，自然保護および自然

と人間との共生を目指す運動や思想のことを意味するようになった．自然保護運動のことを，エコロジー運動と呼ぶことがある．

　エコロジー思想にはさまざまなものがあるが，主要な考えは，① 人間中心ではなく自然中心（人間を特別視せず，すべての生命体は平等），② 生物の多様性，③ 自然を道具として利用するのではなく自然固有の価値を認める，などである．他には，「動物解放論」や「自然の権利（自然物の当事者適格）」という考えがある（鬼頭 1996 pp.46-98）．

(2) 持続可能な社会

1983年，環境問題に対する全地球的な取り組みの行動計画を策定するため，「環境と開発に関する世界委員会（ブルントラント委員会）」が国連総会の決議によって設立された．ノルウェーのブルントラント首相を委員長とする賢人会議で，21の異なる国から委員が任命された．それぞれの委員は，各国の大臣，裁判官，政治家，学者・研究者などであり，出身の政府を代表するのではなく，個人の資格で委員会活動を行った．また，委員の半数以上は開発途上国から任命するように決められた．

　「環境と開発に関する世界委員会」は1984年から活動を開始し，1987年4月に報告書を公表した．その報告書のなかで「持続可能な開発（発展）」という概念が提起された．持続可能な開発（発展）とは，将来の世代の欲求を充足しつつ，現在の世代の欲求も満足させるような開発のことである．

　環境と開発・経済を共存するものととらえ，環境を保全しながら経済的発展を行っていく社会が，「持続可能な社会」といえる（諸富 2003 p.20）．

　1992年，ブラジルのリオ・デ・ジャネイロで「環境と開発に関する国際連合会議（UNCED）」が開催された．そこで，「持続可能な発展」という考えが，宣言や行動計画のなかで具体化されることとなった．人と国家の行動原則を定めた「環境と開発に関するリオ宣言」，そのための詳細な行動計画である「アジェンダ21」である．

「地球サミット」とも呼ばれるこの会議には，世界各国から100以上の首脳を含む約180ヵ国の代表が参加し，それと平行して行われたさまざまな会合には，国際機関やNGOなどから約2万人が集まった（環境庁 1993 p.272）．

(3) 循環型社会

廃棄物処理の点からみると，持続可能な社会とは，循環型社会のことを意味する．

日本では，循環型社会を形成するために，2000年「循環型社会形成推進基本法」（循環型社会基本法）が公布され，2001年1月に施行された（環境省 2004 p.82-83）．

循環型社会基本法の第2条第1項によると，循環型社会とは，天然資源の消費を抑制し，環境への負荷ができるだけ低減される社会である．そこでは，① 製品等が廃棄物となることを抑制（発生抑制），② 排出された廃棄物はできるだけ資源として利用（再使用，再生利用，熱回収），③ 最後にどうしても利用できないものは適正に処理される．

発生した廃棄物は，その有用性を意味するために，「循環資源」と呼ばれる．また，施策の優先順位（「発生抑制・再使用・再生利用・熱回収・適正処分」という優先順位）が決められている．

循環型社会基本法は，施策の基本理念として，排出者責任と拡大生産者責任という2つの考え方を定めている．排出者責任とは，廃棄物を排出する者が，その適正処理に関する責任を負うべきであるという考え方である．拡大生産者責任（EPR）とは，生産者が，その生産した製品が使用され，廃棄された後においても，再使用や再生利用などの循環的処理に一定の責任を負うという考え方である（環境省 2002 p.75）．

4 リスクと環境問題

(1) リスクと環境リスク

すでに述べたとおり，リスクとは，望ましくない出来事や重大な被害が起きる確率である．

環境リスクとは，人の活動によって環境に加えられる負荷が環境中の経路を通じ，ある条件のもとで健康や生態系に影響を及ぼす可能性である（日本リスク研究学会 2000 p.43）．言い換えると，環境にとってよくない出来事，環境保全のために回避したい出来事が起きる確率となる（中西・益永・松田 2003 p.1）．

環境リスクのなかでも，とくに人間の健康や生活に影響を及ぼすものを「健康リスク」あるいは「生活の質へのリスク」，そして自然環境への影響を及ぼすものを「生態リスク」と呼ぶ（日本リスク研究学会 2000 p.47）．環境リスクの要因は，主に人間活動に由来する化学物質，自然環境の改変などである．

(2) リスク論

リスク論という研究領域は，「危険／安全」という従来の考え方（ある基準があって，それ以下なら安全で，それ以上なら危険という考え方）を見直すものである．あるいは，「絶対安全」という解決策が当てはまらない問題に対処するための科学であるといえる．

とくに現代の環境問題は，広域的で，さまざまな要因が絡みあっている．大気汚染などは国境を越える問題であり，そして多種多様な化学物質による健康被害や環境破壊などがある．それらの問題は，因果関係を究明することが非常に困難であり，絶対的な解決策（絶対安全）を求めることが難しい．また，化学物質の根絶が可能であったとしても，莫大なコストと日常生活への支障がともなってしまう．

それに対してリスク論は，絶対安全ではなく，重大な被害が起きる確率

(=リスク)を減らすこと,「許容できるリスク」として管理することを主張する.生態系に与えるリスクをゼロ(絶対安全)にするために,人間活動のすべてを禁止するのではない.環境問題に必要なことは,そして環境と人間との共生に必要なことは,リスクを管理し,できるだけ重大な被害が起こる確率(=リスク)を減らすことであるとされる(中西 1995 pp.1-11).

第11章 大衆化と情報化

キーワード

群衆，公衆，大衆，世論，マス・メディア，中間集団，聖なる天蓋，甲羅のない蟹，社会的性格，権威主義的パーソナリティ，伝統志向型／内部志向型／他者志向型，パワー・エリート，オーガニゼーション・マン，大衆消費社会，依存効果，記号消費，マス・コミュニケーション，パーソナル・コミュニケーション，第三の波，IT，監視社会，著作権，メディア・リテラシー

第1節　大衆社会

1　群衆，公衆，大衆

(1) 群衆と公衆

　多数の人間が，それほど強い目的をもたなくても，一定の関心によって，一時的に集まってしまうという事態は起こりうる．たとえば，昨今のサッカー日本代表戦後のスタジアム周辺などでみられるようなものがそれだ．一定の関心をもち，一時的にある空間を占めてしまった集団を群衆という．いつどんな社会であってもこのような集団は生まれるが，都市化が進み，大都市への人口の集中がみられるようになった19世紀後半以後に，群衆は際立って発生するようになった．

　19世紀後半から20世紀初頭の状況をみて，フランスの社会学者ル・ボン (Le Bon, G.) は「現代は群衆の時代である」と述べた (1895)．それを批判

して「現代は公衆の時代である」としたのが，同じくフランスの社会学者タルド（Tarde, G. 1901）であった．タルドによれば，群衆が対面的な状況においてしか生まれないのに対して，公衆とは散らばった群衆，つまり距離が離れていたとしても群衆と同じような一定の関心にしたがって行動するものとされる．公衆が生まれるためには，新聞に代表される活字メディアの発達と普及が前提となる．公衆が新聞の示す論点をめぐって意見をもつようになり，世論をつくるのである．

(2) 大衆

では，20世紀はタルドのいうとおり，「公衆の時代」となったのだろうか．

公衆という概念が想定していた人々は，実質的には，たとえばコーヒーハウスなどで新聞を読みながら理性的に政治について語り合う裕福なブルジョワジーであった．新聞が理性的な公衆を育み，民主的な合意形成にもとづく政治の発展を促進するという認識は，事実上，一部の裕福な階層のみに政治参加が限定され，政府の活動もきわめて小規模だった状況を反映した楽観的な見方でもあったのである．

しかし，産業化とともに進行した，より広範なメディアの普及によって実際に生まれたのは，一定の関心にしたがいつつも，公衆とは異なり受動的な側面を強くもった大量の人間の集団であった．これが大衆である．ドイツの社会学者マンハイム（1943）は，大衆の受動性を強調して「甲羅のない蟹」と呼んだ．

大衆は，マス・メディアの発達によって発生するが，それ以外の要因として，近代社会における中間集団，つまり家族や国家の間にあるような集団の衰退も指摘されている．たとえば，アメリカの社会学者バーガー（Berger, P.L.）が『聖なる天蓋』（1967）と名指した宗教集団も，以前に比べればその力を失っている．伝統的な中間集団の内部で共有された規範や連帯感，濃密な人間関係から解放され，個人としてふるまう自由を獲得した人々は，結局

は，国家や企業の巨大な官僚機構に直接的に把握される孤立した匿名の個々人として，受動的に行動する存在となったのである．

2 大衆社会論

現代のように大衆が社会のさまざまな領域で影響力をもつ社会を，大衆社会と呼ぶ．また，大衆社会を現代社会の特徴として取り上げる議論を大衆社会論と呼ぶ．

大衆社会論の古典的な研究としては，ドイツのナチズムを分析対象としたものと，戦後のアメリカにおける大衆社会を論じたものが有名である．それらの多くに顕著にみられる傾向は，大衆ないしは大衆社会の問題点が指摘され，批判的にとらえられている点である．

(1) ナチズム研究

フランクフルト学派は，なぜドイツにおいてナチズムが受容されたのかに関する研究を進めた（フランクフルト学派については第2章を参照のこと）．そのなかでも大衆社会論として有名な研究が，フロム（Fromm, E.）による『自由からの逃走』(1941) である．この著作でフロムは，ナチズムを受け容れたドイツの下層中産階級（中小商工業者，下層のホワイトカラーら）の社会的性格を分析している．フロムによれば，社会的性格とは，「一つの集団の大部分の成員がもっている性格構造の本質的な中核であり，その集団に共同の基本的経験と生活様式の結果発達したものである」．

人間は「自由」，言い換えれば「何かからの解放」を求める傾向がある．しかし「何かから解放」された状態で，「何かへの自由」を見い出せないと，「何かからの解放」が個人に孤独感や無力感を与えることがある．そのとき，求めていたはずの「自由」は重荷となり，自分を帰属させることのできる「権威」を求めるようになる．

フロムは「自由」と「解放」を達成したにもかかわらずそれを放棄して，

自らを「権威」に委ねようとする社会的性格を，権威主義的性格と呼んだ．フロムが論じているように，プロテスタンティズムの指導者たちが説いたのは，個人が教会などを介して神に接するのではなく孤立した個人として接すること，そして神の前では徹底的に無力な存在であることであった．さらに，資本主義の発達は，人間を「人間」としてではなく「経済的目的のための道具」とみなすような状況を生み出した．これらの出来事は，一方では人々に自由と解放をもたらす面をもっていたが，他方ではさまざまな社会集団，とくに教会が人々に与えていた安定感と帰属感を失わせる面をもっていた．このような状況のなかで，個人は失った安定感や帰属感を「権威」に求めていくのである．

このフロムの研究のもとになったのが，フランクフルト学派による一連の「権威と家族研究」である．そのなかでフロムは精神分析的な研究の一翼を担っていた．そして後年，ラザースフェルド（Lasersfeld, P.）やカリフォルニア大バークレー校などとの共同研究により，アドルノらによる『権威主義的パーソナリティ』(1950) が生まれることになる．

(2) 戦後のアメリカにおける大衆社会論

アメリカにおける大衆社会論は，戦後，とりわけ1950年代に立て続けに刊行された．筆頭にあげられるのがリースマン（Riesman, D.）の『孤独な群衆』(1950) であり，当時のアメリカ社会における社会的性格（あるいは社会に対する同調・適応の様式）について論じたものである．この著書で提示されたのが，有名な社会的性格の3つの類型であり，それぞれ，伝統志向型，内部志向型，他者志向型と名づけられている．

伝統志向型とは，文字どおり自らの行動様式の基準として伝統（儀式や習慣など）を用いるタイプである．この伝統志向型が，近代以前の社会，人口学的にいえば「停滞的な社会」に顕著なタイプであるのに対して，社会が「過渡的成長」の状態にあるとき，自らの内的な信念などを基準とする個人

主義的な傾向をもつ内部志向型が多くなる．内部志向型は，いわば「ジャイロスコープ（羅針盤）」が心理的に植えつけられているような人間である．この時期を過ぎた「初期的人口減退」の時期（生産の時代から消費の時代への転換，あるいは大衆社会の到来の時期）に出現するのが他者志向型，つまり「他者」とりわけ同時代人の仲間たちを自らの行動様式の基準とする人々である．この人々は確固とした自己をもたず，「レーダー」によって自分の行動を制御する．

　1956年に刊行されたミルズの『パワー・エリート』は，多元的な民主主義社会と信じられていたアメリカにおいて，企業，国家，軍部の政策決定の地位を事実上独占する経済的，政治的，軍事的エリートの集合体が形成され，このパワー・エリートに権力が集中していることを論じた著作である．これが大衆社会論と目されるのは，「パワー・エリートによる中央集権的な権力の独占」「権力の中間水準」「権力の底辺の位置する大衆社会」という，権力構造の3層モデルを提示したからである．その中間水準に位置づけられる自発的結社の衰退が，大衆を権力への服従へと導く，とミルズは述べている．

　『パワー・エリート』と同年に刊行されたのが，ホワイト（Whyte, W.H.）の『組織のなかの人間』(1956)である．タイトルである「オーガニゼーション・マン」とは，組織への順応と忠誠を旨とし，組織に自らの安息の場を確保してしまう人々のことを指す．組織に献身し個人としての主体性を喪失したオーガニゼーション・マンが主流となっているのが，大衆社会である．つまり，集団の個人に対する優位を是認するイデオロギー，「集団の倫理」こそが大衆社会の源泉である，という告発がなされているのである．

　コーンハウザー（Kornhauser, W.）は，『大衆社会の政治』(1959)において，「エリートへの接近可能性」と「非エリートの操縦可能性（操られやすさ）」の2軸をクロスさせることで，社会の4類型を提示した．それぞれが低い場合を「共同体的社会」，接近可能性が低くかつ操縦可能性が高い場合を「全体主義的社会」，その逆を「多元的社会」，両方が高い場合を「大衆社

会」としている．コーンハウザーは，多元的社会を志向したが，それは裏返せば大衆社会の到来に対する危機感の表明ともいえる．

3 大衆消費社会

現代社会が大衆社会であるという認識が自明なものとなったあと，大衆社会論の研究対象は，権力やエリートによる大衆操作といった「生産」にまつわる階級間の問題から，大衆自身による「消費」行動の問題へ，という変化を見せた．

ガルブレイス（Galbraith, J.K.）は『ゆたかな社会』（1958）において，この「生産から消費へ」という流れに着目していた．1950年代のアメリカではすでに貧困，不平等，生活不安といった問題は，重要な関心事から外れるようになっていた．それは生産性の向上によって，解決されたと考えられていたからである．そういった「ゆたかな社会」においては，「依存効果」，つまり消費への欲望それ自体が，生産過程において生み出されていくという状態が発生していることが問題となる．

生産性が高度に発達し，モノが大量に生産され過剰な状態が当然になると，消費が中心に据えられる社会が到来する．ボードリヤール（Baudrillard, J.）は『消費社会の神話と構造』（1970）において，もはやモノは生産物としてではなく単なる記号として存在し，人々の欲望はこの記号の操作に従属していると述べる．記号を消費することが1つの文化になった社会を，消費社会という．そこでは，人間関係も記号として消費される．たとえば，微笑は従来「親しさ」という人間関係をあらわす行為として理解されてきた．しかし，消費社会においては，微笑もまた記号として消費されてしまう．つまり，微笑から，人間関係的な意味は失われ，記号として消費されるがゆえに，何らかのサービスやモノが販売されるとき，必ず微笑がついてくるのである．

第2節　マス・メディアの発達と情報化

1　マス・コミュニケーション研究とメディア論

(1)　マス・コミュニケーション研究

前節で述べたとおり，大衆社会の出現とマス・メディアの発達とは，大きく関係している．マス・メディアとは，新聞，雑誌，ラジオ，テレビ，映画などを指す．これらは，一般的には，マス・コミュニケーションの略語である「マスコミ」と呼ばれるが，社会学においてマス・コミュニケーションとは，マス・メディアによって行われる大量の情報の不特定多数への伝達を意味する．マス・コミュニケーションは，パーソナル・コミュニケーション，すなわち人間同士が直接に行うコミュニケーション（バーバル／ノンバーバルを問わず）とは異なる特徴をもつ．

マス・コミュニケーションの特徴を，ここでは4つ取り上げておこう．第1に，基本的に送り手と受け手という役割が設定されること．第2に，送り手は，伝達する情報を生み出すための専門組織であること．第3に，受け手が不特定多数であることから，送り出される情報は一般的なものになること．第4に，情報伝達の機会がある程度定期的であること．こうした特徴をもつマス・コミュニケーションが及ぼす効果を研究するのが，主にアメリカで発達したマス・コミュニケーション研究である．

マス・コミュニケーション研究でとくに有名な古典的理論モデルに，皮下注射モデルと限定効果モデルがある．皮下注射モデルとは，弾丸理論とも呼ばれ，送り手のメッセージが受け手に直接に即効的影響を与えると考えるモデルであり，ナチスのプロパガンダの成功などを背景に形成されたものである．

その後，マス・コミュニケーションの効果を過度に強調するのではなく，限定的にとらえるモデル，すなわち限定効果モデルが主流となった．このモ

デルが作られるきっかけとなったのは，ラザースフェルドらが1940年にアメリカのオハイオ州エリー郡で行った大統領選挙への投票意図をめぐる調査研究であった．限定効果モデルの場合，マス・コミュニケーションの効果は，受け手が所属している集団の規範やオピニオンリーダーの意見などを媒介して作用するもので，受け手の先有傾向を補強するものとして把握され，受け手あるいは大衆の能動性が強調される．

しかし，1970年代以降，マス・コミュニケーションの影響力の強さを強調する議論が再登場している．その1つが，社会的に「重要な」問題を選別する機能，すなわち「議題設定機能」を強調する研究であり，もう1つが，多数派の意見がたくさん報じられることで多数派への同調者が増え，少数派が沈黙していくメカニズムを指摘した「沈黙の螺旋」モデルである．

(2) メディア論

アメリカにおいて発展したマス・コミュニケーション研究は，その効果，つまり，伝達されるメッセージの影響が主に論じられ，用いられるメディアに関する言及はあまりなされてこなかった．

しかし，マクルーハン（McLuhan, M.）は，メディアそのものに注目した．彼は，身体的な五感や運動能力を外部化したものをメディアと呼び，『メディア論』(1964) で，「メディアはメッセージである」と主張した．メディアあるいは技術そのものが「メッセージ」なのだというのである．彼は，メディアの形式が伝達されるメッセージの内容を変え，さらにはメディアを用いる個人の知覚習慣を変質させ，社会関係のあり方を再編させると論じ，その変遷をたどった．

2 情報化社会

(1) 第三の波：情報化

トフラー（Toffler, A.）は『第三の波』(1980) で，近代に至るまで人間社

会が経験してきた文明上の出来事を波にたとえた．第1の波が農業革命，第2の波が産業革命，そして現代に起きている第3の波が情報化だという．情報化とは，情報の生産，伝達，処理のための技術革新が進み，それにより社会全体の構造が変動している事態を指す．

日本においてこの第3の波に対応するのは，「IT (Information Technology: 情報技術) 革命」と呼ばれた1990年代後半以降の事態かもしれない．それは，コンピューター技術の進歩やインターネットの普及を指しており，そうした情報通信技術の発展は，私たちの日常生活を大きく変えたからである．近年では，パーソナル・メディアの発達（とくに携帯電話の普及）も顕著であり，情報通信におけるコミュニケーションの重要性を強調して，ITに代わりICT (Information and Communication Technology) という語が使用されるようになっている．

情報化を現代社会の特徴とみなす議論を情報化社会論という．従来の情報化社会論を振り返ってみると，情報化には2つの意味が込められていることがわかる．第1にそれは社会的な大変革を指し，第2に便利な社会の到来を指す（佐藤 1996）．前者は，情報化が産業社会の編成原理そのものを組み変え，新たな社会の到来をもたらすという意味があり，後者は，ITの発達によってさらに便利な産業社会になるという意味がある．これまでの情報化社会論では，情報化により産業社会は終焉を迎えるという見方と，産業社会は続くという見方が渾然一体となっている．「情報化」として語られているさまざまな議論には注意を促しておきたい．

(2) 情報化がもたらす諸問題1：監視社会

情報化の進展は，私たちの生活や行動に多方面で影響し，またさまざまな問題を生み出している．その1つが監視社会化である．監視とは，人々の行動を統制するために見張り，管理することをあらわす言葉である．そうした監視活動により，人々のさまざまな人権が脅かされている社会が，監視社会

と呼ばれる．イギリスの作家オーウェル（Orwell, G.）が小説『1984年』(1949) で描いた世界が，今現実になろうとしているのである．

　たとえば，近年，世界各国で「テロ対策」などを名目とするさまざまな監視活動が強化され，市民的自由が軽んじられる傾向すら生じている．また，近年導入された住民基本台帳ネットワーク（住基ネット）では，国民1人1人に11桁の住民票コードを割りあてているが，住基ネットをめぐる訴訟で2005年5月30日に金沢地方裁判所が下した判決は，この住民票コードを用いてさまざまな情報を「名寄せ」して集約することが可能であることを指摘し，「個々人が行政機関の前で丸裸にされるがごとき状態になる」と述べている．

　現代におけるITの発達は，こうした監視活動を大規模化，徹底化させるものである．氏名や番号，DNA，写真画像など個人のさまざまな「断片的事実」が抽出されたうえでデジタル化され，それらはデータベースに保存され，照合，修正，処理，売買，流通が行われているのである．

　そうした監視活動は，ライアン（Lyon, D. 2001）が指摘しているように，「つねに，ほとんどの人々が喜んで受け入れるような，それなりの正当化をともなう」ものである．少なくとも外面上は，人々の「安全」「安心」や「利便性」の向上を目的に掲げたものであり，実際に多くの人々が自発的にそれを受け入れているのである．このことによって，一方では，多くの人々が，いつでもどこでも「便利」で「安全」に生活することができるのだが，他方では，データベースに保存された情報によって，私たちはいつの間にか分類されているのである．

　たとえば貧困層など，危険とみなされたカテゴリーの人々は選別され，「安全」「安心」「便利」な空間から排除されてしまう傾向にある（ライアン2001）．逆にいえば，「安全」な空間を生きる人々は，「他者」と出会う機会を奪われ，社会に対する批判的思考や想像力をめぐらす機会をあらかじめ奪われてしまうのかもしれない．

(3) 情報化がもたらす諸問題2：著作権とメディア・リテラシーの関係

　私たちが手にする情報は，昨今，電子（デジタル）化している．電子化とは，さまざまな情報を1と0という記号へ変換していくことをいい，それにより文字，音声，映像などの情報が，すべてコンピューターで扱えるようになった．

　電子化は，情報の完全で容易な複製を可能にした．これまでも本をコピーする，LPレコードからテープやMDに録音する，ビデオをダビングするなどの形で，複製を作ることは可能だった．しかし，そういった作業では，情報データの劣化がともなっていた．情報の電子化は，その劣化なしに完全な複製を作ることを可能にしたのである．

　かつてマクルーハンは，『グーテンベルクの銀河系』（1962）において，印刷技術が，著作業という職業，そして著作者の権威，著作権という観念を生み出したと論じた．現在，著作権は，劣化のない複製を可能にする情報の電子化によって，変化を迫られている．情報の電子化は，従来の「オリジナルとコピー」という区分を消失させ，情報のもつ価値とは何なのか，といった論点を浮き彫りにしつつあるのである．

　また，インターネットは，情報の送り手と受け手との関係のあり方を大きく変えた（黒崎 2002）．従来のマス・メディアでは，権威や技術をもった送り手から不特定多数の受け手へ，一方向的に情報が流れていた．しかし，インターネットの普及により，権威や特殊な技術をもたなくても誰でも情報の送り手になれるようになったのである．

　こうした変化は，一方では，弱者として発言することができなかった人々に発言権をもたらし（不正の告発やクレイムなど），他方では，十分な根拠を示すことなく，思いつきを表現すること（デマ，誹謗中傷など）を可能にする．これまで何らかの形で抑制されてきた情報が，一挙に多数の人々に開示されるようになったのである．

　このような状況において求められている能力が，メディア・リテラシーで

ある．私たちは，日々の生活において，メディアを通じてさまざまな情報を手に入れ，それを現実として受け止めている．インターネットへのアクセスが一般化した現在，限られた価値観によって創り出された情報を鵜呑みにする可能性も増大している．メディア，とりわけマス・メディアがいかに現実を構成しているのかを，クリティカルに判断する能力がますます必要になってきている．

第12章 グローバリゼーションとエスニシティ

> **キーワード**
>
> グローバリゼーション，移住労働者，外国人労働者，移民労働者，世界システム，ウォーラーステイン，グローバリズム，国民国家，ネイション，国民，民族，ナショナリズム，想像の共同体　エスノセントリズム，文化帝国主義，エスニシティ，エスニック集団，多文化主義，アファーマティブ・アクション

第1節　グローバリゼーションとは何か

1　グローバリゼーションという言葉

「グローバリゼーション」は，「地球規模化」や「世界規模化」という意味をもつ英語の名詞である．この言葉は，「グローブ」という名詞や「グローバル」という形容詞からつくられた造語であり，1990年代に広く一般的に用いられるようになった．

内容の詳細までは共通の了解があるとはいえないが，基本的には，人間の諸活動の地球規模での結びつきが強まることや，それによって生じる社会の変化をあらわす言葉である．

2　グローバリゼーションの諸相

人やモノ，カネ，情報，サービスなどの高速で大規模な国境を超えた移動と，地球規模での社会，経済，政治的諸関係の緊密化は，現代のさまざまな

場面で生じている現象である．

　たとえば，現代の消費生活は，いろいろなモノが大量に世界各地から輸入されることにより成立している．また，巨額のカネが，世界の為替市場や株式市場を日々瞬時に駆けめぐっている．多くの企業が海外に生産拠点を移すなど世界規模で活動している．製造業だけでなく，サービス業においても，同様の傾向がみられる．さらに，日本国内に立地する産業の多くも，移住労働者（外国人労働者，移民労働者ともいう）抜きには成り立たなくなっている．

　こうした国境を超えた移動の拡大とその高速化，そして，国境を超えた関係の緊密化は，「ある場所で生ずる事象が，はるか遠く離れたところで生じた事件によって方向づけられたり，逆に，ある場所で生じた事件がはるか遠く離れたところで生ずる事象を方向づけていくというかたちで，遠く隔たった地域を相互に結びつけていく」（ギデンズ 1990）ことになる．

　さらに，国境を超えた社会関係の基盤となるさまざまな組織や制度も登場している．たとえば，ヨーロッパ連合（EU）のような従来の主権国家の枠を超えた統治システムなどがそれである．

3　グローバリゼーションの発生と展開

(1)　グローバリゼーションの発生

　グローバリゼーションの発生した時期については，複数の見解が存在する．

　たとえば，シルクロードの発達を一種のグローバリゼーションと位置づける見解（滝田 2004 p.68）のように，近代以前にもグローバリゼーションが存在したとする主張もある．

　また，後述するように，15世紀末にヨーロッパで成立した資本主義的世界経済が19世紀末に地球全体を単一の分業体制としての世界システムに組み込んだとみるウォーラーステイン（Wallerstein, I. 1974）は，資本主義自体が

グローバルな性質をもつことを指摘している．ウォーラーステインに限らず，近代資本主義あるいは「モダニティ」(ギデンズ 1990)がグローバルな性格をもつことは，多くの論者によって指摘されている．

だが，一般的には，グローバリゼーションという言葉は，1990年代に新しい状況が生じたことを含意していることが多い（川﨑 2004 p.3）．福祉国家の成立以降，国民国家が経済，政治，社会の単位として自明視されてきたが，20世紀末にはその枠組みが揺らいだのである（福祉国家については第14章を参照のこと）．

(2) 冷戦の終結

まず，冷戦終結により，高度な情報通信手段など従来アメリカの軍事部門が独占していた技術が民間に開放され，「情報伝達とそれに基づく社会的反応」の世界的な同時化や即時化が加速した（滝田 2004 p.70）．近年の情報通信の技術革新には，目覚ましいものがある．通信衛星は放送の地域的制約を取り払い，デジタル技術の発展はメディアのあり方を大きく変えつつある．急速に普及したインターネットは，コミュニケーションの形態に大きな影響を与えている．

また，「ソ連ブロック解体」が「『世界市場』の統合化」を進行させ，グローバルな市場競争を激化させた（滝田 2004 pp.70-71）ことも重要である．

(3) 情報通信手段の技術革新，運輸手段の発達

とはいえ，情報通信の技術革新は，1960年代後半から進行していた（ギデンズ 1999）．また，人やモノの短時間で大量かつ安価な移動を可能にする運輸手段も，産業化の過程で飛躍的に発達していた．

これらの技術革新により，1970年前後には，個々の企業の国境を超えた活動が容易になり，すでに述べたように，欧米の多くの大企業が安い労働力などを求めて生産拠点を発展途上国に移転させ，多国籍企業が増加した．多国

籍企業とは,「資産(工場,鉱山,販売事務所等)を2ないしそれ以上の国において統括する全ての企業」(公文 2003 p.122) のことである.

(4) 新自由主義

さらに,1970年代以降,各国の金融自由化が進行した.また,西欧福祉国家の財政危機などを背景として,1980年代以降,多くの欧米諸国や日本の政府が,規制緩和や民営化を掲げる新自由主義的な政策を実施した.これらは,地球規模での資本の自由な移動を推進する政策であり,そうした政策を掲げるイデオロギーは,「アメリカ流のグローバリズム」(梶田・小倉 2002 p.3),あるいは単に「グローバリズム」(伊豫谷 2002 p.34) と呼ばれる.

4 グローバリゼーションと世界システム論

グローバリゼーションは,世界全体を1つの社会として研究すべき状況を生んだ(小倉 2002 pp.1-11).この課題に対応するためにしばしば言及される理論が,ウォーラーステインの世界システム論である.

ウォーラーステインは『近代世界システム』(1974) において,資本主義的世界経済を1つのシステムとしてとらえる理論を提示した.彼によれば,世界的な単一の分業体制としての世界システムには,歴史上,かつての中華帝国やローマ帝国のような,政治的に統一された「世界帝国」と,政治的には統合されていない近現代の資本主義的「世界経済」とがあったが,世界経済は統一的な官僚機構を維持するコストを必要としないため,驚異的な発展を遂げることができた.

世界経済は,「中核」「半周辺」「周辺」の3つの構成要素からなる分業体制である.中核諸国は強力な国家機構をつくり,半周辺や周辺から余剰を吸い上げ発展する.中核諸国の中に圧倒的な力をもつ国が存在する状態が,「ヘゲモニー」である.19世紀のヘゲモニー国家はイギリスであり,第2次世界大戦後はアメリカである.他方,周辺地域は,中核地域に供給する食料

や原材料の生産への特化，つまりモノカルチャー化を強いられ，「低開発化」させられる．中核の工業製品と，周辺の農産物や原材料との交換という図式の固定化は，周辺にとって経済的に不利な図式の固定化であり，中核と周辺の格差は拡大する．

また，世界システムを研究するためには，社会科学内部の区分は無意味であり「単一の学問として統合された接近方法こそ」必要だ，とウォーラーステインは主張する．従来の社会科学の区分は，国民国家の社会秩序に合わせて形成されたものだ，というのである．

第2節　国民国家とは何か

1　国民国家とその起源

国家とは，「その法的支配が領土面で整然と確立され，支配維持のために暴力手段を発揮することが可能な政治組織」（ギデンズ 1985）である．だが，前近代の「国家」と，近代の国家とでは，その性格は大きく異なる．

近代国家と前近代の国家との違いは，まず，「画定された境界（国境）をともなう領土」内部の「独占的管理権」（ギデンズ 1985）としての，主権の有無である．中世にはキリスト教共同体の一部であったヨーロッパ諸国（福田 1988 p.20）が主権を手にしたのは，宗教改革と一連の宗教戦争を経てのことである．法的には，30年戦争を終結させた「ウエストファリア条約」（1648）により，主権国家を単位とする国際体制である「ウエストファリア体制」が成立した．主権国家は，領土内部における「支配手段としての正当な物理的暴力行使」を「独占」（ヴェーバー 1919）していく．

主権国家は当初，典型的には絶対主義国家の形態をとった．それは，被治者たる民衆を含まない統治機構としての国家（ステイト）として登場した．

だが，近代国家の大きな特徴は，主権をもつだけでなく，国民国家（ネイション・ステイト）として考えられていることである．国民国家とは，「国

境線に区切られた一定の領域から成る，主権を備えた国家で，その中に住む人々（ネイション＝国民）が国民的一体性の意識（ナショナル・アイデンティティ＝国民的アイデンティティ）を共有している国家のこと」（木畑 2003 p.12）である．

　国民国家の観念は，市民革命により主権の担い手が君主から人民に転換した際に成立した（福田 1988 pp.115-118）．国家の領土内に暮らす民衆を「ネイション」という共同性をもつ集団とみなすことにより，主権の実体と正当性を確保しようとしたのである．

　国民国家は，中央集権的な権力を確立し，近代資本主義の発達に適合的な社会的条件を育成し，社会生活の基盤となった．20世紀には，国民国家が国家の標準的なあり方とされ，世界を覆っていった．

2　ネイション

　ネイションは，多義的な概念である．まず，「国家組織を備えた政治共同体」（梶田・栗田編 1993 p.231）それ自体と，その成員を意味する．成員とは，国家を形成すること，あるいは，それに加入することに同意し，その理念や法に自発的にしたがう人々としての国民である．

　同時に，ネイションは，民族をも意味する．民族とは，一般に，言語や慣習などの文化的，心理的な特徴を共有している集団と考えられている．そうした文化的，心理的な共通性は，同一の祖先の共有という信念や，地縁を基盤とした歴史的な共同生活を経て形成されたと主張される．だが，実際には，そうした「共通性」の基準は曖昧なものであり，主観的なものである．

　ネイションが，国民＝民族という擬制的な両義性を備えた観念であることが，「人為的機構である国家に，自然的・民衆的共同性を裏打ちする担保」を提供した（加藤 1992 p.154）．民族が国家を形成する権利をもつという民族自決の観念は，20世紀に国際的な原則とされるようになった．

　ただし，現実には，地域ごとにネイションの観念の内実は多様である．た

とえば，ドイツは，1つの民族は1つの国家の国民となるべきだという観念にもとづき，細分化されていた領邦国家を統一して成立した国民国家である．他方，フランスは，絶対王政を市民革命で打倒して成立した国民国家であり，建前上，共和国の理念を共有する意志が国民の用件となる（谷川 1999 pp.42-43）．さらに，イギリスのスコットランドなどでは，スコットランドという地域を単位としてネイションが用いられる（宮島 2004 p.20）．こうした地域には複合的なナショナル・アイデンティティが存在するのである．

なお，1つの国家内部に暮らす人々がすべて同一の民族で構成されるということは，現実にはあり得ない．どの地域であれ，国家に区画された空間内部には，多様な人々がさまざまな形で暮らしてきたのである．

3 ナショナリズム

アンダーソン（Anderson, B.）は『想像の共同体』（1983）で，「国民とはイメージとして心に描かれた想像の政治共同体である」と述べ，ネイションは近代国民国家の形成の際に創られたものだと主張した．他方，スミス（Smith, A.D.）は『ナショナリズムの生命力』（1991）で，近代のネイションは，前近代の共同体，「エスニー」を核として形成されたと主張した．

このように，ネイションについては，想像の産物とする見解と，一定の共同性を基礎に形成されるとする見解とがある．いずれにしても，人々は，あらかじめ明確なナショナル・アイデンティティをもっているわけではない．特定の人々を同一のネイションとして他の人々と区別し，その統一，独立，優越性の確保などを志向し推し進めようとするイデオロギーや運動により，ネイションは意識化されるのである．そうしたイデオロギーや運動，さらに，それらがもたらす誇りや優越性の感情を，ナショナリズムと呼ぶ．

ナショナリズムは，フランス革命を契機として登場した．革命への干渉戦争がフランスに「国民主義」をもたらし，ナポレオンの侵略がヨーロッパ各

地に「民族主義」を育んだのである．また，明治期以降の日本では，後発的産業化の過程で，国家の対外的，対内的な優越性の確保を至上の価値とする「国家主義」が形成された．選挙権拡大を経た20世紀には，第1次世界大戦以降の「総力戦」を勝ち抜くために各国で大衆的なナショナリズムが喚起され，熱狂的「愛国心」の高まりが生じた．自民族を至上のものとして美化し，他の人々を蔑視し排除しようとする「エスノセントリズム」(Sumner, W.G. 1906)の高揚もみられた．植民地支配からの脱却を目指した地域では，独立闘争と新しい国民国家形成のために民族主義が喚起された．

このように，ナショナリズムは，その国家や地域が置かれた状況により，「国民主義」「民族主義」「国家主義」などと訳される形態であらわれるのである．

第3節 グローバリゼーションが生みだす諸問題とエスニシティ

1 グローバリゼーションが生みだす諸問題

グローバリゼーションは人々の生活や社会のあり方に大きな影響を与え，さまざまな問題を生み出している．ここでは以下の3点を指摘しておこう．

(1) 新たな貧困の発生と格差の拡大

グローバリゼーションは，世界規模での競争の激化や資本の移動をともなうものであり，「職を失い，あるいは土地を奪われた人々」や「さまざまな決定や実践から取り残され，排除された人々」を増大させている（伊豫谷 2002 p.156）．また，新自由主義的政策，すなわち社会保障の削減や労働法規の「規制緩和」などにより，「貧困化，不平等の拡大，雇用の不安定化，公的制度の弱体化」が進行しており，人々を不安へと駆り立てている（伊豫谷 2002 pp.159-161）．

格差の拡大は，1つの国家の内部においても，あるいは地球規模の南北問

題としても発生している．

(2) 文化やアイデンティティにかかわる問題

現在，マクドナルドやディズニー，ハリウッド映画などアメリカ文化を象徴する商品が世界各地に輸出され受容されているが，強力な経済力と軍事力を背景に欧米とりわけアメリカの文化が世界の文化を画一化していく動きを，文化帝国主義と呼ぶ．

文化帝国主義という認識に対しては，実際には欧米以外からの情報の発信も活発化しているのではないか，世界各地の人々はアメリカ文化をそれぞれ独自の文化で読み替えて受容しているのではないかなどの反論もあるが，アメリカ文化による画一化への反感や危機感は，現実に根強く存在する．

また，グローバリゼーションは，「今まで世界中の人々を安住させていた政治的・経済的・文化的・社会的生活基盤」の揺らぎをもたらし，アイデンティティの危機を生んでいる（川﨑 2004 pp.7-8）．

アイデンティティの危機の受け皿として，排他的なナショナリズムが各地で高揚している．格差拡大の負の影響を受けている人々が，その担い手となっているといわれている．こうしたナショナリズムは，「ピープル」を動員し，既成の体制に挑戦する「改革者的姿勢」を示すポピュリズム（篠原 2004 pp.128-150）の性格をもつことが多い．少数派の保護などの政策は，「沈黙する多数派」の利益を損ねるものとして攻撃の標的とされやすい．政府も，国民を統合する手段としてナショナリズムを利用する傾向がある．

ナショナリズム以外に，宗教や以下で述べるエスニシティなども，新しく選択されるアイデンティティの基盤となっている（川﨑 2004 pp.8-9）．

(3) エスニシティをめぐる諸問題の顕在化

グローバリゼーションは，エスニシティをめぐるさまざまな問題を顕在化，複雑化させている．この問題については，項を改めて詳述していこう．

2 エスニシティとは何か

エスニシティとは,「主に文化的・心理的特性に基づく人口集団の分類基準を指すと同時に,それらに基づく集団の結束意識のことでもある」(関根 2000 p.22).また,エスニック集団は,エスニシティを自覚した集団,すなわち「いずれかの国民国家に長期にわたって居住し,場合によってはその国家の国籍をもちながら,その国民国家の支配的ネイションとは異なる集合的アイデンティティをもつと自覚した相対的に少数の集団」(川出 1997 p.145) をあらわす概念として社会学では使用されることが多い.

民族(ネイション)とエスニシティは,文化的,心理的な共通性という主観的な基準で人々を区分するという点で,似通った概念である.しかし,多くの場合,国民国家における少数派の特性や「結束意識」を指してエスニシティは用いられる.他方,民族としてのネイションは,民族自決の主体であろうとする集団を指す.だが,両者の違いは相対的である.あるエスニック集団が民族自決を唱えて独立運動を開始したとすれば,その集団はネイションであると自己規定したことになる.

なお,民族やエスニシティに関連する概念として人種がある.人種は,身体的特徴によって人々を分類する概念である.民族やエスニシティが意識化される際には,身体的特徴という人種的な共通性も含意されていることが多い.また,上述の,近年高揚しているナショナリズムは,西欧では,非西欧系の移民の排斥を主張するレイシズム(人種主義,人種差別主義)的なものとなっている.とはいえ,人種はきわめて曖昧な基準にもとづく分類概念である.

3 エスニシティをめぐる諸問題の発生とグローバリゼーション

(1) エスニシティ問題の認知

すでに述べたように,国民国家が単一の民族によって構成されているという観念は,神話である.しかし,多くの国々では,そこに暮らす人々が単一

の文化をもつことを前提とした政策が実施されてきた．少数派は多数派に同化するだろうし，そうすることが当然だと考えられていたのである．

エスニシティが注目されるきっかけとなったのは，1つはアメリカの非英語系移民に，主流派の文化に同化せず民族的独自性を主張し続ける傾向があることが認識されるようになったこと（関根 2000 p.27），もう1つは，西欧において，主流派のネイションとは異なるアイデンティティを背景にした「地域主義」の運動が，1960年代に現れたことである（梶田 1995 p.24）．

エスニック集団は，主流派ネイションの支配に対し，異議申し立てを行った．それにより，多様なエスニシティの存在や，彼ら／彼女らの置かれている状況が問題として認知されるようになったのである．

(2) グローバリゼーションの影響

では，グローバリゼーションはエスニシティの問題にどのような影響を及ぼしたのだろうか．

まず，移民や難民など人の国境を超えた移動は，社会の多民族化や多文化化を顕在化させる効果をもった．移民は，国際労働力移動としての側面をもつのと同時に，社会的文化的な背景をもつ人の移動をも意味する．

人の移動以外のグローバリゼーションの諸側面，すなわち，多国籍企業の発達や EU などの地域経済統合の推進，情報通信技術の革新にともなうメディアの世界規模化なども，人々が異文化に接触する機会を増やし，多文化化，多民族化の進行を認識させる効果をもった（関根 2000 pp.61-89）．

また，すでに述べたように，グローバリゼーションの急速な進行によってアイデンティティの危機におちいった人々が，その再建の基盤の1つとしてエスニシティを選択する傾向がある．エスニック集団を敵視するナショナリズムの背後にも，同様の現象がみられる．

近年，移民の形態が多様化しているが（小井土 2005），それはエスニシティをめぐる新たな状況をもたらしている．たとえば，「ホーム（本拠地）と

アウェー（遠征先）が，高速輸送や，電子的コミュニケーション，文化の共通性によって結びつけられ」たため，複数のローカリティやアイデンティティをもつ「ディアスポラ」と呼ばれる人々も現れた（コーエン・ケネディ 2000）．

(3) 日本社会の状況

日本社会も，複数の民族的属性をもつ人々が暮らす社会である．しかし，多くの人々の間では「単一民族」の神話が流通してきた．

変化が生じたのは，1980年代のことである．在日コリアンらの差別撤廃への闘い，インドシナ難民受け入れ，留学生や就学生の受け入れ拡大，移住労働者の増加などにより，「内なる国際化」が問われるようになったのである（田中 1995）．一部の自治体では，外国人住民を対象とした政策の必要性が認識されるようになった（神奈川県自治総合研究センター 2002 p.19）．移住労働者の増加は，「日本という国家を揺るがしかねない問題」とみなされ（小倉 2002 p.7），外国人労働者受け入れをめぐる論争が起きた．

さらに，1990年の「出入国管理及び難民認定法（入管法）」の改定により日系人の就労が合法化され，研修生の受け入れも緩和された．法務省入国管理局の統計によれば，外国人登録者数はこの時期に急増して以降，21世紀初頭まで一貫して増加傾向にあり，出身地域も多様化している．

4　共存と共生をめざして

(1) 多文化主義の導入

エスニシティ問題の顕在化は，従来の同化主義的政策への反省を促した．そして，カナダやオーストラリアなどでは，多文化主義的な政策が導入された．

多文化主義とは，エスニック集団などマイノリティ・グループの文化を尊重し，共存を目指す考え方であり，そのために文化の保護や援助を行う政策

である．具体的には，多言語政策，アファーマティブ・アクション（差別是正のための少数派優遇措置）などの援助政策，異文化理解を促進する政策などが実施される．

また，多くの移民や難民を受け入れ，EUによる政治経済の統合も進む西欧では，国籍を基準としないシティズンシップの導入が議論され，制度化が試みられている（宮島 2004）．具体的には，就労，社会保障（年金の受給権など），住宅（公営住宅の入居など），教育といった社会権の保障のほか，地方参政権や，参政権を実効あるものとするためのエンパワーメントの諸施策などである．こうした政策の背後にも多文化主義的な価値観が存在している．

(2) 多文化主義への反発と「文明の衝突」論

すでに述べたように，近年，西欧ではレイシズム的なナショナリズムを掲げる勢力が伸張し，非西欧系の移民や難民への反感や，多文化主義への非難の声が強まり，そうした政策を見直す動きもあらわれている．エスニック集団への警戒心の高まりやナショナリズムの高揚は，日本社会にも生じている．

また，国際政治の領域では，冷戦後の世界が，文化とアイデンティティのまとまりをもつ，7つあるいは8つの「文明」にはっきりと区分されること，それら「文明」間の衝突が冷戦後の紛争のパターンとなること，西欧は非西欧社会からの挑戦にそなえ，結束する必要があることなどを説くアメリカの政治学者，ハンチントン（Huntington, S.P. 1996）の「文明の衝突」論が議論を呼んだ．アメリカを「西欧文明」に分類するハンチントンは，国内への多文化主義の導入を，アメリカの「文化的な核」を失わせ，アメリカと「西欧文明」そのものの「終焉」を導くとして拒絶する．

(3)　「文化」をどのように考えるか：多文化主義の課題

　実は，多文化主義が，「純粋な」文化の存在を想定する文化観に立脚する場合には，個々の民族やエスニック集団のエスノセントリズムを助長したり，「文化」間の交流が抑制されたり，特定の「文化」への帰属が個人に事実上強制されたりしてしまう可能性もあることが指摘されている（関根 2000 pp.197-215）．

　多文化主義を発展させるためには，文化を固定的にとらえずに，「文化帰属（複数文化への帰属）の自由」や「どの文化にも帰属しないという自由」を保障し，さらに，「雑種である文化の発展を保障し，多文化・多民族集団の共存と共生，そして異文化間の越境をも保障する」視角が必要となる（関根 2000 p.214）．

(4)　グローバルな連帯を試みる社会運動

　現在の新自由主義的なグローバリゼーションは，人々の生活に大きなダメージを与える側面をもつが，「今ある経済のグローバル化に反対して，『もうひとつのグローバル化』を求める国境を越えた社会運動が1990年代末以降に活性化している」（稲葉 2005 pp.179-180）ことも見落としてはならない．2001年には，「もう1つの世界は可能だ」と訴える「世界社会フォーラム（WSF）」が開催され，世界からさまざまな人々が参加した．WSFはその後毎年開催されている．新自由主義的な「グローバリズム」だけが，グローバリゼーションへの道ではないのである．

コラム
社会運動の社会学

　社会運動あるいは運動と一口で言っても，反戦運動，住民運動，労働運動，ファシズム運動，学生運動，反差別運動，エコロジー運動などいろいろあり，活動内容も担い手も目標も千差万別である．とはいえ，共通の特徴がある．それは，社会の改良や変革という目標を実現するために，複数の人々が組織性を有する集団を形成し，一定程度持続的に行う活動だということである．

　社会運動が「改良や変革」の対象とする「社会」とは，体制や国家レベルの社会だけを意味しているわけではない．局所的で部分的な状況も，それに含まれる．また，「改良や変革という目標」は，状況の悪化の予防も含意している．革命運動もあれば，マンション建設反対運動もあるし，「オルタナティブ」な生活を追求する運動や行政の活動を監視する運動もある．1990年代半ば以降，日本社会では，非営利組織（NPO）の市民活動が注目されるようになったが，「社会への問題提起」や「市民社会の形成」などを目標として意識する活動であれば，それらも運動としてとらえることができる．

　1人でも独立した運動を行えるという考え方もあるが，社会学では一応，複数の人々が一定の組織性をもつ集団を形成して行う活動を，社会運動とみなす．たった1人で開始した活動が，やがて協力者や支持者を得て集団的な活動となることも多い．集団の内部には地位と役割の分化をともなう分業の体系が生じていく．そうした集団を社会運動組織，あるいは運動組織と呼ぶ．ただし，組織性の度合いは，流動的なものから官僚制を備えたものまで多様である．運動組織の形態は，運動の目標や理想とする社会像とも深く関係しているし，同一の運動であっても，その展開過程のなかで変化するものでもある（塩原 1976）．

　運動の最終的目標を実現するために，大局的な情勢分析にもとづく組織目標や，より具体的な方針が，フォーマルに，あるいはインフォーマルに設定され，活動が行われる．運動組織には，たとえば，どうやって人々の支持を獲得するか，「敵」に対してどのような対抗手段を用いるのか，活動の重点をどこに振り向けるか，などさまざまな課題が存在する．また，活動の際には，当然，他の諸主体との相互作用が展開される．

　社会学では，大きく分けると2とおりの視角から運動が理論化されてきた．1つは，社会運動を，「一定の歴史的発展段階における社会構造，体制の原理的・構造的・機構的矛盾」との関連から把握する視角である（北川 1958）．この観点によれば，「なんらかの形で，社会構造・体制・権力との間にかかわり

あいを」もたない集団的行動は,「社会運動とは呼びえない」ことになる.北川隆吉は,この観点から運動を「反体制(反権力)的社会運動」「体制内的(権力による)社会運動」「中間形態の社会運動」の3類型に分類した.

　1970年前後に現代社会が「新しい」段階に入ったと考え,この頃から盛んになったエコロジー運動やフェミニズム運動をはじめとする諸運動を,産業化の過程で発達した労働運動とは異なる「新しい」性質をもつ運動として,社会構造の変動などとの関連から分析する「新しい社会運動」論も提起されている.メルッチ(Melucci, A. 1989)ら多くの社会学者が「新しい社会運動」を論じているが,「新しさ」をどのような点にみいだすかは,論者ごとに違いがある.

　もう1つは,社会運動を集合行動の一種とみて,形成過程などを分析する視角である.集合行動とは,何らかの状況に置かれた人々に共有された心理状態に起因して発生するパニックや暴動など,非制度的,非日常的な集団の行動を意味する.集合行動論的な運動論は,主にアメリカで発展した研究視角である.

　やはり1970年代にアメリカで,集合行動論が運動の非合理性を過剰に強調していると批判して,運動の合理性に着目し,運動組織の活動や他の主体との相互作用などの分析を行う資源動員論が登場した.この名称は,運動組織が活動に必要なさまざまな「資源」を「動員」することを表現している.ただし,運動の戦略戦術論自体は以前から存在した,という指摘もある(塩原 1989).

　人々はさまざまな運動を通じ,社会の矛盾やあるべき姿を主体的に模索し提起してきた.社会運動の研究は,われわれの暮らす社会のありようを理解するうえで重要な研究領域なのである.

第13章 逸脱と社会問題

キーワード

規範，逸脱，サンクション，慣習，モーレス，法，犯罪，非行，シカゴ学派，社会解体，アノミー，分化的接触論，ボンド理論，ラベリング論，セレクティブ・サンクション，社会問題，社会病理，構築主義

第1節　規範と逸脱

1　規　範

　逸脱という概念は，(社会) 規範という概念と表裏一体である．何らかの行為や状態が逸脱として指し示されるのは，それが規範に反しているからである．しかし，何らかの規範があるといえるのは，それに反する行為や状態に対する人々の否定的なサンクションがあるからである．たとえば，笑いものにする，後ろ指をさす，嫌みを言う，仲間はずれにする，怒る，叱責する，訴える，警察に通報する，逮捕する，刑罰を科す．こうしたサンクションが，何らかの行為や状態を逸脱として指し示す．したがって，逸脱を理解するためには，まず，規範を理解する必要がある．

　規範とは，社会の成員が遵守することを志向しているような，有形無形のルールのことである．規範にはさまざまな形態があるが，慣習，モーレス (習律)，法 (成文法) の3つの区分がよく知られている．① 慣習とは，伝統として日常的に繰り返されるうちに，社会の成員に共有されるようになっ

た行動様式である．その内容は，衣食住に関する事柄から儀礼慣行，文化一般まで多岐にわたる．② モーレスは，集団生活の秩序を維持するための規範である．なかには個人の利害に反するものもあり，また生活のなかで自然と身につくものでもないため，違反者に対するサンクションは，「村八分」などのように厳しくなる．インセスト・タブーは，モーレスの典型である．③ 法は，社会の正統な権力が布告する成文化された規範である．基本的には慣習やモーレスにもとづくものである．法に違反した社会成員は，刑罰という強制力のある公的なサンクションを受けることになる．

どの集団にも必ず規範は存在する．個人は社会生活のなかで家庭，職場，地域，学校，友人仲間など複数の集団の成員となるが，集団によって規範が異なり，それらの規範が相互に矛盾する場合もある．たとえば，学校では部活動への積極的な参加が求められ，家庭では受験のための勉強を優先させることが求められることもある．会社という集団の規範にしたがうことが，より広い社会の規範である法に反することもある．ホワイトカラー犯罪や企業犯罪はその例である．

2 逸 脱

(1) 逸脱とは

逸脱とは，規範に反する状態や規範に非同調的な行為のことである．規範は集団や社会によって異なり，さらに同じ集団や社会でも時代によって異なる．それに応じて，どんな行為や状態が逸脱とみなされるかも変化する．

一般通念において逸脱は，① 当該の行為や状態のなかに悪しきことが存在する，② 行為者や当事者の何らかの道徳的な欠陥が発生原因である，ととらえられる傾向がある．しかし，逸脱は，社会が一定の規範を設けることで作り出しているものであるから，個人や状態に内在する本質的な欠陥によるものだと考えるのは，社会学的な観点においては誤りである．

デュルケム（Durkheim, É.）は，『社会学的方法の規準』(1895) において，

規範が厳格であるほど逸脱が出現すると指摘し，修道院の例をあげた．厳格な規律で日々の営みが定められている修道院では，通常の社会であればどうということもないふるまいも逸脱行動とみなされる．逸脱とは，社会が措定するものなのである．

(2) 犯罪と非行

逸脱に含まれる行為はさまざまにあるが，典型的な逸脱行動として，犯罪と非行が挙げられる．

犯罪とは，刑法が定めるところにより刑罰を科される行為である．どんな社会にも法はあるが，刑罰に値するとされる行為は社会により異なる．それは，時代によっても変化する．それまで犯罪ではなかった行為が犯罪となることを犯罪化といい，反対に，それまで犯罪とみなされていた行為が犯罪でなくなることを非犯罪化という．

犯罪という概念は人類の歴史とともにあるが，非行という概念は，近代になって出現した新しい概念である．「子ども」を大人と区別し，異なった扱いをしなければならないという理念が，非行概念を成立させたのである．

非行という言葉は，日常的には，少年による逸脱という意味で用いられている．しかし，少年法ではもう少し厳密に扱われており，未成年者が罪を犯した場合に，その行為を非行と呼んでいる．さらに，実際に法に触れていなくても，その性格や環境に照らして，将来，法に触れるおそれのある少年も「虞犯」という非行少年である．非行は，犯罪と異なり，行為のみならず性格や環境も含む概念である．

現代社会では，さまざまな行為が逸脱とみなされており，逸脱行動は，必ずしも犯罪や非行に限定されない．たとえば，いじめ，自殺，離婚，ひきこもり，薬物やアルコールへの依存など，逸脱行動として言及される行為の類型は多様である．

第2節 逸脱理論の源流

1 デュルケムの議論

デュルケムは，社会学の確立に大きく貢献し，現代でも通用する社会学の基本的視点を構想した社会学者の1人である．逸脱を社会学的に分析する視点も提供し，今日の逸脱理論の源流とみなされている．

デュルケムは『社会分業論』(1893) のなかで，「われわれは，それを犯罪だから非難するのではなく，われわれが非難するから犯罪なのである」と述べた．行為そのものの性質ではなく，非難という人々の反作用が犯罪を特定することを指摘したのである．このような視点は，後のラベリング論（後述）に受け継がれた．

自殺率の差異を説明しようとした『自殺論』(1897) も，今日の逸脱研究に重要な視点を提供した．「やもめ・未亡人」，未婚者，既婚者の順で自殺率が高いこと，プロテスタントのほうがカトリックより自殺率が高いことなどから，集団生活への統合（社会統合）が強いことが自殺の抑止力になると論じた．他者とのつながりが逸脱を抑制するという考え方は，今日でいうコントロール理論（後述）と同様の論理である．

また，デュルケムは，個人の欲望が無限に増大すること（アノミー）が自殺の要因となりうることも指摘した．アノミーという概念は，緊張理論（後述）の代表的な論者，マートンに引き継がれた．

このように，逸脱と規範をめぐる社会学的研究のアイデアの大半を，デュルケムの社会学に見い出すことができる．

2 シカゴ学派の社会解体論

1920年代にアメリカで開花したシカゴ学派の研究者，バージェス (Burgess, E.W.) は，シカゴの街を中心としたスラム研究を行った．彼によれば，都市

の生態学的構造は同心円をなし，① 中央業務地区，② 推移地帯，③ 労働者住宅地帯，④ 住宅地帯，⑤ 通勤者地帯の5つの地域に分けられるという．円の中心にあるのはビジネス地区であり，オフィスビルや繁華街のある都心である．この地区の拡大によって，人々の居住地域は円の外へと移行していく．そのすぐ外側を囲む推移地帯は，貧しい移民や独身者が住む地域である．人々が短期間しか住まないことから建物が老朽化し，治安の悪化した地域となる．スラムが形成されるのはここである（同心円地帯理論については，第8章も参照のこと）．

ショウ（Show, C.R.）とマッケイ（McKay, H.D.）は，主に1930年代にバージェスの同心円地帯理論を用いて少年非行の研究を行った．彼らは，非行の発生率が高い地域がバージェスのいう推移地帯であること，そこは文化葛藤が激しく，地域社会としての連携も失われた社会的に解体された地域であることを明らかにした．つまり，社会解体が逸脱行動の要因であることを実証したのである（1942）．

シカゴ学派は，こうした地域構造論的研究にとどまらず，逸脱に関するモノグラフも多く蓄積した．たとえば，ホームレスについて研究したアンダーソンの『ホーボー』（1923），スラッシャーの『ギャング』（1927），売春を研究したレックレス『シカゴの悪徳』（1933），非行少年のライフヒストリーを記録したショウ『ジャック・ローラー』（1930）などがある．いずれの作品にも，逸脱を個人の内在的な資質ではなく，社会的な環境によって説明しようとする視点が貫かれている．

フィールドワークやライフヒストリーなどの質的データを用いた研究は，今日にも引き継がれている．また，犯罪の地理的分布の研究は，コンピュータ技術の発達にともない，現在ではより精緻な分析が行われるようになった．シカゴ学派は，経験的データにもとづく社会学的な逸脱研究のさきがけだったのである．

第3節　逸脱行動の原因論

1　逸脱文化の学習理論：サザーランドの分化的接触論

　犯罪・非行を行うには，それ以外の行動と同じように社会的な学習が必要である，と考える立場を，学習理論という．人間は，所属する社会の文化を学習する存在である，という人間観を前提とする立場である．

　犯罪を学習行動としてとらえた初期の理論としては，タルド（Tarde, G. 1890）の「模倣の法則」がある．より体系化された理論としては，サザーランド（Sutherland, E.H. 1934）の分化的接触理論があげられる．

　分化的接触論は9つの命題から構成されているが，ここでは次の3点に集約してみよう．① 犯罪行動は，親密な私的集団内の相互作用によって学習される．② 社会には法律違反を「可」とする態度と，法律違反を「不可」とする態度が不均等に存在する．個人がどのような態度に接触するかは，頻度，期間，優先性，密度の点において多様であり，そうした要因が犯罪行動の学習に影響する．③ 個人の内面において「可」とする態度が「不可」とする態度を上回るとき，人は犯罪者や非行少年となる．

　学習理論は，犯罪の原因を遺伝や脳の形質に求める犯罪原因論を論敵としていた．19世紀にイタリアの医師ロンブローゾ（Lombroso, C.）が唱えた生来犯罪人説（「犯罪は遺伝による」という主張）は20世紀に入っても衰えず，サザーランドの議論はこれに対するアンチ・テーゼでもあった．

2　緊張理論：マートンのアノミー論

　通常であれば，人は逸脱行動をしないはずだ．それにもかかわらず，人々が逸脱行動を行ってしまうのはなぜか．このような性善説的人間観に立って逸脱行動を説明する理論を緊張（ストレイン）理論という．何らかの緊張が人を逸脱行動へ追いやっていると説明する理論である．そうした論理の代表

として,マートンのアノミー論が挙げられる.

マートンが定義するアノミーとは,個人の欲望として社会成員に共有されている「文化的目標」を実現する方法,すなわち「制度的手段」が,階層によって不均衡に配分されているときに生じる状態である.マートン(1949)は,文化的目標や制度的手段の受容,拒否,代替(新たな価値の創出による置き換え)という,3通りの適応のパターンの組み合わせにより,アノミーがもたらす緊張への個人の適応様式を5つに類型化した.このうち,②から⑤が逸脱的とみなされた.

表13-1 アノミー状況への個人的適応様式への諸類型

適 応 様 式	文化的目標	制度的手段
① 適合(conformity)	＋	＋
② 革新(innovation)	＋	－
③ 儀礼主義(ritualism)	－	＋
④ 退行(retreatism)	－	－
⑤ 反抗(rebellion)	±	±

＋:文化的目標あるいは制度的手段の受容
－:文化的目標あるいは制度的手段の拒否
±:既存の価値を拒否し,新しい価値を代替
備考) Merton 1949＝1961:129をもとに筆者作成

①の「適合」は,文化的目標と制度的手段の両者を内面化し,あくまでも社会で認められている手段や方法を用いて目標を達成しようとする適応様式である.これは,逸脱とはみなされていない.

②の「革新」は,文化的目標に同化しながらも,制度的手段を拒否する適応様式である.マートンは,下層階級において高い比率で出現する逸脱行動を,この適応様式によって説明した.社会的成功は万人に要求されている.しかし,目標達成のための制度的手段を下層階級が入手するのは難しく,非合法的な方法を用いるほかない.文化的目標の社会的強調と制度的手段へのアクセスの制限が人々を逸脱へと押しやる,というのである.他方,

利潤追求のためなら非合法の手段もいとわないというホワイトカラー犯罪も，この類型に含まれる．

③の「儀礼主義」は，文化的目標には固執しないが，制度的手段には固執するという適応様式である．業績的地位の獲得が目指される社会では，人々は不断の競争に投げ入れられ，不安な状態になる．これを解消しようとひそかに目標水準を引き下げたり，目標を放棄したりするが，他方で，自らの地位保全のために慣例的な手続きに過剰にこだわる．中流下層によくみられるタイプだという．

④の「退行（逃避主義）」は，文化的目標と制度的手段の両方を放棄するという適応様式である．ホームレスとなったり，薬物やアルコールに依存したりし，社会から孤立する．

⑤の「反抗」は，既存の目標，手段をともに拒否するが，新しい価値において別の目標と手段を作り出し，それを他の社会成員にも受容させようとする．労働運動が例としてあげられる．

マートンの議論において，逸脱行動は，規範に反する行動というより，社会の状況に適応するための1つの方法としてとらえられた．逸脱は，「異常」ではなく，状況に対するある種の「正常」な反応として描かれたのである．

3　コントロール理論：ハーシのボンド理論

人間は自らの利益が最大限になるよう，合理的に動くはずである．こうした人間観を受けいれるのであれば，逸脱行動はとりたてて説明を要しない現象である．自らの利益のために盗んだり騙したりすることは，当然のことだからである．

人間は逸脱行動をするのが当たり前なのに，大多数の人間はなぜしないのか．このような性悪説的人間観に立った理論を，コントロール（統制）理論という．コントロール理論は，さまざまな論者によって展開されたが，次のような主張において共通する．社会には何らかの統制的・拘束的諸力があ

り，そうした諸力のコントロールが効いているとき人々はルールにのっとって行動する．しかし，統制が弱まると犯罪や非行に走る．

コントロール理論の代表と目されるのが，ハーシ（Hirschi, T.）のボンド理論である．ハーシは，社会的紐帯（ボンド）によるコントロールを受けている少年は，非行や犯罪をする可能性が低いと論じた．社会的紐帯は，① 愛着，② コミットメント，③ インボルブメント，④ 信念の4つの要素から成り立つという．① は親，学校・教師，友人といった他者との愛情的なつながりである．② は「投資」と訳され，自らの将来の成功のためにどれほどの労力を投入しているかを指す．投資と逸脱行動とを天秤にかけ，損得勘定をするということである．③ は「巻き込み」と訳され，合法的な活動に熱中したり没頭したりしている度合いを意味する．たとえば，部活動への巻き込みは，放課後に万引きする時間を奪うものと考えられる．④ は規範意識の内面化の度合いである．以上4つの要素がしっかりしている少年は，そうでない少年と比べ非行をしないということになる（ハーシ 1969）．

ハーシのボンド理論は，公式統計のみではなく，「自己申告調査」による定量的データの分析にもとづいて提示された．これは現在用いられる主要な方法のひな形であり，また逸脱行動を説明する有力な理論の1つと評価されている．

4　ラベリング論

逸脱者に共通する特性は，逸脱者としてラベルづけされた経験である．逸脱とは，社会集団と，社会集団によって逸脱者（アウトサイダー）とラベルづけされた人との相互作用が生み出すものである．こうした相互作用的な視点をもっとも鮮明に打ち出したのは，ラベリング論であった．代表的な論者はレマート（Lemert, E.M.），ベッカー（Becker, H.S.）であり，主要な論点は3つにまとめられる．

1点目は，何が逸脱であるかを定める法は，その社会の支配的な人々によ

って作られる，という指摘である．たとえば，禁酒法はアルコール飲料の製造や売買を犯罪としたが，それは，アメリカで影響力の大きいプロテスタントの，飲酒への厳格さが反映されたものであった．

2点目は，同じ行動をとったとしても，その個人の立場や地位，経歴によって，逸脱者というラベルが貼られる人もいれば，逸脱者とはみなされない人もいる，という主張である．アメリカでは，黒人が白人より厳しいサンクションを与えられているのではないか，との問題意識のもと，こうした論点が提示された．その行動をとった人物によって周りの反応が異なることを，セレクティブ・サンクションという．

3点目は，逸脱者というラベルの付与がさらなる逸脱を創出する要因になるという主張である．ラベルの付与は，個人に逸脱的アイデンティティを形成させ，逸脱者としての役割期待を遂行することで，逸脱行動が継続的に行われるようになるという．

ラベリング論は，逸脱があるから法や刑罰による社会統制があるのではなく，社会統制がより深刻な逸脱の原因となりうることを示唆した．こうした主張はさまざまな議論を呼び，実証性を備えていないことに批判が集まったりしたものの，今なおそのラディカルさは失われていない．

第4節　社会問題

1　社会問題とは

社会問題とは，① 社会に「問題である」と認知され，② 問題発生の原因が，個人ではなく，社会を構成している諸要因の連関にあるとされ，③ その問題解決の必要性が社会的に認められた現象である．

社会問題には，① 労働問題，② 貧困問題，③ 逸脱行動，④ 教育問題，⑤ 環境問題，⑥ 医療問題，⑦ 人口問題，⑧ 家族問題，⑨ 差別問題など，さまざまなものがある（星野 1999 p.8）．現代の日本社会にも，失業やホー

ムレス,自殺,受験競争,公害,医療過誤,少子化,高齢者介護,ドメスティック・バイオレンス,マイノリティ・グループに対する差別の問題など,多くの現象が社会問題とみなされている.

2 社会問題へのアプローチ

(1) マルクス主義的な社会問題論と社会病理学

従来,日本の社会学で「社会問題」という概念を用いる研究は,マルクス主義的な分析枠組みに裏づけられたものが多かった.そこでの社会問題とは,資本主義社会の諸矛盾から派生する現象を指していた.したがって,失業や貧困,労働問題が典型的な社会問題であった.

それに対して,マルクス主義的視角をともなわない立場では,「社会病理」という概念が用いられてきた.社会病理学では,生活上の機能障害,不適応,逸脱などの問題的な現象が,実証主義的な手法で扱われた.

しかし,今日では,社会問題という言葉は,マルクス主義的な理論を前提としない立場によってもごく一般的に用いられており,社会問題と社会病理とを相互に区別する意味は薄れつつある.

(2) 社会問題の構築主義

マルクス主義的社会問題論や社会病理学と一線を画すのが,社会問題の構築主義的アプローチである.前者はともに,社会のなかに「問題とされる状態」が存在することを前提として,その事象についての分析に取り組むものである.それに対し,後者は,社会問題が成員による意味付与をとおして構築されるという視点を打ち出した.スペクター(Specter, M.B.)とキツセ(Kitsuse, J.I.)の『社会問題の構築』(1977)で提唱された立場である.そこでは,社会問題研究の対象を「問題とされる状態」ではなく,「問題をめぐる活動」へとシフトすることが提案された(中河 1999 p.21).

スペクターとキツセは,「ある状態が存在すると主張し,それが問題であ

ると定義する人びとによる活動」が社会問題を産出するという．観察の対象は，個人ないしはグループによる「クレイム申し立て活動」である．苦情の申し入れ，告訴の提出，決議案の可決，新聞の意見広告，ピケやボイコットなどのクレイム申し立て活動に注目し，社会問題の生成や変容のプロセスを記述するというのが，構築主義の研究プログラムである．

第14章 社会的不平等と福祉国家

キーワード

貧困，ラウントリー，格差拡大，福祉国家，ベバリッジ報告，ナショナル・ミニマム，5つの巨人，ティトマス，マーシャル，シティズンシップ，社会的権利，福祉国家の危機，福祉見直し論，日本型福祉社会，ネオ・コーポラティズム，福祉レジーム，エスピン-アンデルセン，福祉ミックス論，ワークウェア，第3の道

第1節　貧困と社会福祉

1　社会福祉の出発点としての貧困

　社会福祉がその始まりにおいて目的としたもの，それは貧困者の救済である．イギリスでは1601年の「エリザベス救貧法」，1834年の「新救貧法」などによる貧民救済制度が取られていたが，この頃，貧困は個人の怠惰に原因があるとされ，浮浪者の処罰や労働可能者を就労させることに重点が置かれていた．他方，貧民に対する私的救済活動も行われていた．中心となっていたのは教会の指導による宗教的慈善活動やブルジョアの指導による組織的慈善活動などであった．このように貧困を個人の責任に帰する貧困観や，憐れみや同情にもとづいた救済は，貧困者に対する差別を生み，救済を受ける者にスティグマを与える結果となった．

2 社会構造と貧困

しかし，18世紀の産業革命以降の資本主義経済の進展のなか，貧困は個人的な問題ではなく，資本主義経済のしくみに起因する社会的な問題であるとの認識が広がる．その貧困観の転換に大きく影響を与えた社会調査の1つが，ラウントリー（Rowntree, B.S. 1901）によるイギリスのヨーク市における貧困調査である．ラウントリーは，「肉体的能率を維持するのに必要最低限度の栄養量」から最低生活費を算出し，収入がそれに満たない世帯を「第1次貧困」，また，その水準はぎりぎり満たしているものの，その他のわずかな消費を行えば収入が最低生活費を下回る世帯を「第2次貧困」と定義した．そして，調査の結果，当時のヨーク市人口の27.8％が貧困状態にあり，これは，労働者人口では43.4％にのぼるとの結論を示した．さらに，最低生活費は一生を通じて同様であるのではなく，ライフサイクルの各段階によって異なり，人間は生涯に3回（子ども期・子育て期・高齢期），もっとも貧困に陥りやすい時期を迎えるという事実を発見した．

3 社会階層と貧困

こうして，貧困は国家が取り組むべき問題であると位置づけられるようになっていったが，並行して，貧困研究の蓄積においても，ある世帯が貧困に陥るさまざまな理由が明らかにされていった．なかでも，社会階層と貧困との関係は重要である．たとえば，親が貧困である場合，子どもに高い学歴や技術を習得させることが困難であるため，子どももまた低賃金で不安定な職に就くことになりやすい．これは，経済的貧困が学歴階層や職業階層などの社会階層に影響を与えているということを意味する．また，子どもに対する親の影響は，経済的な面だけでなく文化的環境においてもあらわれ，家庭の文化的雰囲気を子どもが自然に身につけていくことによって，親の階層が再生産されるという文化の再生産も指摘されている（ブルデュー・パスロン 1964）．

4 階層格差

　貧困を克服するための社会政策には，所得の再分配を通じて階層格差を縮めるという効果がある．日本においても，第2次世界大戦後の福祉制度の整備や高度経済成長により「豊かな社会」が実現され，階層格差は縮まり，貧困は過去の問題であるかのように考えられていた．しかし，1990年代以降の経済不況によって，階層格差の拡大やリストラ失業，ホームレスの増大などが問題視されるようになり，新たな貧困対策の必要性が指摘されるようになった．一方，経済のグローバル化が進展しており，世界の国々を巻き込んでの市場原理の拡大や競争の激化が起きている．

　こうしたなか，1990年代半ば以降には，競争をした結果として生じた格差は公正であるという「公正な格差」論が台頭する．これに対して，日本社会において格差は拡大し，不平等化しているとの指摘がなされ，注目を集めた．その代表的な論者である橘木俊詔は『日本の経済格差』(1998) において，1973年以降，日本の所得配分は不平等化しているという事実を指摘している．また，1955年に開始されて以来10年おきに実施されている「社会階層と社会移動に関する全国調査（SSM調査）」の結果を分析した佐藤俊樹は，『不平等社会日本』(2000) を著し，専門職や企業の管理職に就く「知識エリート」たちが「努力」よりも「生まれ」によって決定されている確率は，戦前よりも高まっていると指摘した．

　これらの階層格差や不平等の拡大についての論争は，社会福祉による貧困の克服や階層格差の縮小がいかに困難な課題であるかを示している．そして現在でも多くの貧困問題が存在し，社会階層は再生産されている．また近年，社会福祉分野にも市場原理が導入されたり，福祉サービスの利用にあたって経済的な負担が求められたりするようになっている．

第2節　福祉国家の成立

1　福祉国家の登場

「福祉国家（welfare state）」という言葉は，第2次世界大戦前後のイギリスにおいて，「戦争国家（warfare state）」に対抗して使用された造語である．イギリスでは1942年，国民の「ゆりかごから墓場まで」，つまり一生涯にわたる生活保障を目指した「ベバリッジ報告」が出され，戦後の社会政策の基本理念となった．

「ベバリッジ報告」では，社会保険を中心に据えた社会保障計画が提案されており，所得保障においては19世紀末にウェッブ夫妻（Webb, S. and Webb, B.）が提唱したナショナル・ミニマムの考え方が継承されている．これは，最低生活保障原則ともいわれ，国民が最低限の生活を営むだけの所得を国家が保障する，というものである．また，所得保障がその根絶を目指す「欠乏」に加えて，「疾病」「無知」「不潔」「怠惰」を「5つの巨人」（悪）として，国家が総合的に社会政策を実施する必要性を説いた．そのうえで，こうした広範な福祉ニーズに対応するための具体的な社会政策として，保健医療，教育，住宅，雇用機会などがあげられている．「ベバリッジ報告」の社会保障計画を理論的に支えたものとして，ウェッブ夫妻のナショナル・ミニマム論の他に，完全雇用を実現するために国家が積極的に社会に介入すべきだというケインズ（Keyns, J.M.）の有効需要論をあげることができる．

2　福祉の供給主体

イギリスが目指した福祉国家体制は，政府がその責任において社会政策を実施していくという積極型の福祉国家であった．しかし，実際に人々の必要を満たすという役割を負っているのは国家だけではない．ウィレンスキーとルボー（Wilensky, H.L. and Lebeaux, C.N. 1965）は，近代社会において人々

の必要を充足する主要な主体として，家族・国家・市民社会（市場）を想定した．そして，それらの関係を定式化し，産業化や都市化が進むにしたがって，国家の役割は「残余モデル」から「制度モデル」へと移行すると指摘した．

この考え方はティトマス（Titmuss, R.M. 1974）によってさらに精密化され，以下の3つのモデルが示された．1つ目は，人々のニーズを満たす自然な回路を「家族と市場」であるとして，それらが機能しないときに限って，国家による社会政策が発動するという「残余モデル」である．2つ目は，ニーズの充足は，労働の成果や業績にもとづいて決定されるという「産業的業績達成モデル」である．3つ目は，社会的平等を達成するための，普遍主義的な「必要にもとづく」社会政策としての「制度的再分配モデル」である．ティトマスが提唱した「福祉の社会的分業」というこれらの考え方は，社会福祉の担い手のさらなる多様化のなかで，混合福祉，福祉多元主義，福祉ミックス論という議論に受け継がれていった．

第3節　福祉国家の展開

1　福祉国家と社会的権利

福祉国家の成立を近代化の過程と結びつけて論じた代表的な論者がマーシャル（Marshall, T.H.）である．マーシャルは18世紀以降の近代化の過程を，シティズンシップ（市民権）拡大の過程と結びつけて論じ，資本主義経済の発展にともない，人々が3つの段階を経て，異なる種類の市民権を獲得していく様子を明らかにした．具体的には，18世紀における市民的権利（個人が自由に契約を結ぶ権利など）の獲得に始まり，19世紀には政治的権利（選挙権など），そして20世紀の社会的権利（社会における一定水準の文化的生活を送る権利）の獲得である．この社会的権利を市民の権利として認める国家体制こそが福祉国家といえる．しかし，国家が保障する「文化的生活」の水

準をめぐっては，いまなお各国で論争が続いている．

2　福祉国家の危機

　第2次世界大戦後，高度経済成長に後押しされて先進諸国で推し進められた社会保障制度の確立は，財政支出に占める社会保障費の増大を招くとともに，財政規模そのものを肥大化させた．1973年に起こった第1次オイルショックを契機とする世界的な不況から，世界経済は停滞期に入り，それぞれの国において，福祉国家体制は見直しを迫られることとなる．

　「福祉国家の危機」が盛んに論じられるようになったこの時期，イギリスではサッチャー首相によって，またアメリカではレーガン大統領によって，福祉国家の再編が進められた．日本でも時期を同じくして，社会保障費の増大を招く西欧型福祉国家への批判としての「福祉見直し論」が噴出する．新たに日本の進むべき方向とされたのは，高い3世代同居率を福祉の含み資産とみなし，家族（家庭の主婦）に親孝行としての老親介護を担わせる，という「日本型福祉社会」であった．

3　福祉国家の転換

　各国が新たな福祉国家の方向性を探るなか，代表的な対応策として，新保守主義とネオ・コーポラティズムをあげることができる．新保守主義では，市場メカニズムの有効活用によって公共支出を削減しようとして，規制緩和や公共サービスの民営化が進められた．上記のイギリスとアメリカの対応がこれにあたる．また，ネオ・コーポラティズムでは，政府と労働組合組織と使用者団体の3者が協調主義的な協議体制をとることによって，福祉国家の枠組みは守りながら，社会の変化に対応していった．重要な政策決定に関して，政労使のあいだで利害の調整と合意形成が行われることによって，雇用は維持されつつ，ある程度の経済的安定も達成されるという効果がもたらされた．社会民主主義勢力の強い北欧諸国がその代表例である．

第4節　比較福祉国家論

1　福祉国家の類型

1970年代後半以降の「福祉国家の危機」に関する論争のなかから，福祉国家のあり方を国際比較するという比較福祉国家論が盛んに行われるようになった．福祉国家といえどもその営みは多様であることを前提とし，公共支出に占める社会保障費の多寡という視点だけではなく，政治的要因や社会政策における制度設計上の特徴などによって福祉国家を類型化する，という方法である．

福祉国家の類型論において1990年代以降，代表的な分析枠組みとなっているものにエスピン-アンデルセン（Esping-Andersen, G. 1990）の「福祉国家レジーム」論がある．彼は，脱商品化指標と階層化指標という2つの指標を用いて福祉国家を類型化し，自由主義レジーム，保守主義レジーム，社会民主主義レジームの3類型を提示した．脱商品化指標とは，労働者やその家族が市場参加の有無にかかわらず一定水準の生活を維持できることがどの程度保障されているのか，という程度をあらわす．また階層化指標とは，社会政策によって社会階層がどのように形成されているのかをあらわす尺度である．

2　福祉国家レジーム

福祉国家レジーム論の「自由主義レジーム」に分類される代表国はアメリカ・カナダ・オーストラリアである．これらの国では市場原理を基本理念とするため脱商品化のレベルが低く，福祉供給は最低限の水準のものに制限され，しばしばスティグマをともなっている．「保守主義レジーム」の代表国はドイツ・イタリア・フランスであり，伝統的な家族制度の維持が意図されているため，家族（未就労の主婦）による福祉供給が基本であり，それがで

表14-1 福祉レジームの特徴

レジーム	自由主義	保守主義	社会民主主義
家族の役割	周辺的	中心的	周辺的
市場の役割	中心的	周辺的	周辺的
国家の役割	周辺的	補完的	中心的
脱商品化の程度	最小限	高度（稼得者にとって）	最大限
典型国	アメリカ	ドイツ・イタリア	スウェーデン

備考）エスピン-アンデルセン，G.『ポスト工業経済の社会的基礎』（渡辺雅男・渡辺景子訳）桜井書店，1999年，p.129をもとに筆者作成

きない場合のみに国家がサービスを提供する．また職域的に制度が分立しているゆえに，職業的地位に付随して諸権利が与えられており，階層化の度合いが高い．「社会民主主義レジーム」はスウェーデンなどの北欧諸国に代表され，もっとも高い水準での平等を実現しようという福祉国家理念をもっている．市場からの解放が目指されているため脱商品化も進み，家族が抱えるコストを社会化しようとするため伝統的家族からの解放も進んでいる．

　これらの福祉国家レジーム論には，ジェンダー視点の欠如に対する批判や，類型化の対象とされていない国々についての適応可能性への疑問などが寄せられた．それらの批判を踏まえる形で，エスピン-アンデルセンは国家役割だけでなく，国家・市場・家族の関係を含めた「福祉レジーム」として，再類型化を試みた（1999）．その特徴をあらわしたのが表14-1である．

3　福祉ミックス論

　エスピン-アンデルセンが福祉レジームを提示する際に考慮したように，社会福祉サービスの供給主体の多様性に着目するのが「福祉ミックス論」である．福祉ミックス論では，公的（政府）システム，市場（民間営利）システム，ボランタリー（民間非営利）・システム，インフォーマル・システムのそれぞれが，どの程度のサービスを供給しているのかという点に焦点をあてる．インフォーマル・システムに分類されるのは，家族や親族，近隣住民

表14-2 福祉ミックス論のシステム特徴

システム	公的	市場	ボランタリー
特徴	公平性・形式主義	利潤の追求・競争性	自発性・独創性・連帯感
欠陥	非効率・硬直性・不経済性	外部不経済・不平等の拡大・クリームスキミング	非継続性・不確実性・恣意性・非専門性

や友人などによるサービス供給で，論者によってはインフォーマル・システムにボランタリー・システムを含める場合もある．福祉ミックス論で前提とされるのは，表14-2のようにそれぞれのシステムは各々異なる特徴と欠陥をもっており，多様なサービス供給システムが存在することで相互補完的な効果を発揮し，全体の福祉の向上につながる，という考え方である．

日本では2000年に開始された公的介護保険制度によって，法人格を有する民間非営利団体や民間営利団体（株式会社など）は，都道府県知事の指定を受ければ公的福祉サービスを提供することが可能になった．つまり，日本では公的介護保険制度の開始によって，公的福祉分野での福祉ミックスが本格化した，ということができる．

第5節　グローバリゼーションと福祉国家

1　グローバリゼーションの進展

福祉国家の成り立ちに，ナショナル・ミニマムという考え方があったように，これまでの福祉国家は「国民国家」の枠内において，その役割が想定されていた．しかし，急速なグローバル経済が進展するなか，国民国家の枠を超えてモノ・カネ・ヒトが移動している．国際的な資本移動や労働力移動の結果，国による社会政策の水準の違いが，さまざまな場面においてコンフリクトを引き起こすことがある．こうした問題に対応するために，ある程度のグローバルな社会政策の確立が，今後ますます必要になってくる．現時点では，国連や国際労働機関（ILO），世界貿易機関（WTO）などが，条約やル

ールづくりを進めており，グローバルな社会政策の形成に重要な役割を担っている．

2 ウェルフェアからワークフェアへ

　世界を巻き込んで進行するグローバリゼーションなどの激しい社会変動のなかで，福祉国家のあり方も常に変化を続けている．近年，各国の福祉政策の動向にみられる顕著な特徴がある．それは，「ウェルフェアからワークフェアへ」といわれるものである．1990年に入り，アメリカのクリントン政権とイギリスのブレア政権下において相次いで打ち出されたこの方針は，従来の「ウェルフェア」は勤労意欲を減退させ福祉依存を招くとして，そのマイナス面を強調する．そして，新たに労働市場を重視する福祉政策である「ワークフェア」を支持している．たとえば，アメリカの要扶養児童家族扶助（AFDC）改革では，福祉給付の条件として就労が掲げられた．

　こうした流れの背景には，効率と公正とを同時に目指すという「第3の道」を訴えた新しい中道左派勢力の台頭があった．そして，第3の道の象徴的存在であるイギリスのブレア政権の主張を理論的に補強したのが，イギリスを代表する社会学者ギデンズ（Giddens, A. 1998）の『第三の道』である．ギデンズは，現行のままでは福祉国家は存続できないという認識を前提としている．そこで，自主性・健康・教育・幸福・イニシアチブというポジティブな目標を設定する「積極的な福祉」と，経済的給付ではなく人的資本への投資を行う「社会投資国家」を構想した．

　ワークフェアへの転換を鮮明に打ち出したのが自由主義レジームの国々であるがゆえに，ワークフェアは自由主義の特徴であるかのように思われがちである．しかし，実は他のレジームにおいても，福祉供給と労働市場への参加を結びつけるというワークフェア的な考え方が，次第に強調されつつある．

第15章 社会調査

キーワード

国勢調査，ラポール，SSM 調査，JGSS，パネル調査，全数調査，標本調査，面接調査，インタビュー，留置き調査，郵送調査，電話調査，参与観察

第1節 社会調査の入口

1 社会調査とは

「日本人の年齢構成を知りたい」「ある番組の視聴者層を知りたい」あるいは「社会的連帯が弱まると社会不安が増大するのかを知りたい」など，日常生活を生きる人々が織りなす社会的な事象に疑問をもったとき，その疑問を解消する道具となりうるのが社会調査である．

社会調査には学術目的の調査，国勢調査のような行政的な目的，さらに市場調査のような営利目的の調査などがある．これらの調査は細かい点では違いがあるものの，調査方法の考え方はほぼ同じである．この章では，主に学術研究を目的とした社会調査を中心に据えて，一連の調査リテラシーを身につける第一歩として，社会調査に関する基礎的な知識を提示しよう．

2 社会調査の特徴

社会調査とは社会的な事柄に関する疑問を解消する道具であるが，その特

徴は次の点にある．

第1に，社会調査がとらえようとするのは，社会集団（国民や女性という範疇も集団ととらえる）の特性（意識や属性の分布など）であり，単一個人の物語ではない．一見，個人の物語を調べあげたかのような調査データも，そのねらいは個人を事例とした集団特性である．

第2に，分析に使うデータは現地（フィールド）から直接得るものである．

第3に，調査で観察対象とするのは，実際の社会的場面における人間行動や意識である．裏を返すと，実験室実験のように影響要因を統制して，特定の要因を加えたときの人間行動や意識を観察するのではない．

第4に，分析，あるいは記述の過程において方法論的な客観性が重視される．客観性は調査によって検証されたり導かれたりした仮説・命題を他人に納得，了解させるための重要な前提条件である．客観性の性質は次の3点があげられる．① 採用された方法が明示されている．② 同じ調査データを同じ方法で分析すれば，誰がやっても同じ結果になる．③ 標本調査において同一母集団から得た標本の分析結果は同じになる．

3 学術目的の社会調査の役割

社会調査は「疑問を解消する道具」であるが，学術目的の社会調査の場合，「疑問」は理論，命題，仮説として存在している．学術目的の社会調査の役割は，データを集め分析することで，理論，命題，仮説を検証することにある．その結果，理論を精緻化したり，新しい命題や概念図式を提出することに貢献したりするのである．

4 社会調査実施上の倫理

社会調査の実施だけが知りたいことを知る術であり，かつ社会調査を行うことで，ある程度，調べられる目処が立つときにのみ，社会調査の実施は合理性をもつ．もちろん，実施しようとしている調査に学問上の意義があり，

また，調査の実施が，直接ではないにしろ，ゆくゆくは人々の幸福に結びつくと自覚されるものであることが望ましい．社会調査は調査者と被調査者との一種の「出会い」であり，調査を実施することで調査者のみならず，被調査者の生活あるいは人生に，何らかの影響を与えうることに配慮しなければならない．次の3点はとくに気にとめておくべき事項である．

(1) 調査目的，調査データの利用法の周知

街頭での観察や，意図的に身分を隠しての参与観察は別として，原則として調査対象者には，どのような目的で調査を実施するのか，集めたデータをどのように処理するのか，分析した結果をどのように公表するのかを調査実施前に周知しておく必要がある．また，意図的に身分を隠しての調査であっても，被調査者の感情や尊厳に対して充分な熟慮をし，慎重に行う必要がある．

(2) 秘密保持

被調査者のプライバシーや個人情報などの秘密を厳守しなければならない．社会調査は必然的に被調査者の個人情報を開示してもらって行われるものの，調査の過程で知りえたプライバシーと個人情報を厳守し，個人を特定できるようには決してしないという了解のうえで成立している．調査票や対象者名簿の処分時，データ公開時，論文にインタヴューの内容を掲載する際などはとくに気をつける必要がある．

(3) 調査者としての態度

調査者は被調査者に対して，差別的な発言や態度，高慢な発言や態度をとらないよう努めるべきである．加えて，調査票を用いた調査の場合は，調査票の質問文が差別的でないかについても注意が必要である．調査者と被調査者との間に，ある程度友好的な雰囲気（ラポール）をつくることは調査協力を促すと考えられるため，その観点からも注意したほうがよい．

第2節　社会調査の分類

調べたいことに対してどのような調査法をとるのかは，具体的に何を調べたいのかに依存する．調査課題にふさわしい方法を選ぶ必要がある．

1　調査時点と対象母集団に着目した分類

(1) 横断的調査

1つの母集団に対して一時期に1回調査を実施する調査である．調査の基本単位としてとらえられる．英語のままクロス・セクショナルな調査と呼ばれる場合もある．

(2) 比較調査

複数の母集団に対して一時期に1回調査を実施する調査である．たとえば，国際比較調査のように同じ質問文（言語は異なる）を使って，各国で調査を行うケースが該当する．

(3) 繰り返し調査

特定の母集団を対象に，時間間隔をおいて反復して実施する調査である．反復して調査を実施するが回答者が同一人物であるかどうかは問わない．たとえば，日本国民という特定の母集団を対象にした「国勢調査」「社会階層と社会移動に関する全国調査（SSM調査）」「日本版General Social Surveys (JGSS)」などが該当する．

(4) パネル調査

同一の回答者に対して，時間間隔をおいて反復して実施する調査である．個人の意見の変化を追うことができる．

2 調査対象数に着目した分類

(1) 全数調査

調査対象の母集団の全成員に対して行う調査である．母集団は大きな場合と小さな場合がある．大きな母集団に対する全数調査の例は国勢調査（センサス）が該当する．小さな母集団を対象とした全数調査の例としては，ある企業の社員全員に対する調査や民俗学的な村落調査などが該当する．また小さな母集団に対する調査は，とらえ方によって事例調査ともいえる．

(2) 標本調査

特定の特性をもった人々に偏らないように母集団から一部の者を無作為に選び出し，選び出した人（標本）を調査対象者として実施する調査である．統計学を活用することによって大規模な母集団に対しても全数調査を行わずに，全数調査の近い信頼性を確保できることからよく行われている．現在行われている世論調査，意識調査のほとんどはこの標本調査である．

(3) 事例調査（事例的調査）

問題とする社会事象に関して典型的，あるいは問題解決に示唆的であると思われるひとまとまりの対象を選び，問題の本質をとらえようとする調査である．

3 データ収集方法に着目した分類

(1) 面接調査

調査者が調査対象者を訪問し，直接顔を突きあわせ，口頭で質問と回答のやりとりをしてデータを収集する調査である．面接調査は質問のしかたで2つに分けられる．

① 指示的面接調査

質問や回答のしかたが決められており，統計処理を前提として質問紙を用

いる方法である．調査員は質問紙に書かれている質問文のとおりに質問し，回答者も決められた選択肢から選ぶことで回答するため，調査員の違いによって生じるかく乱要因が入り込む余地が少ないという長所がある．ただ，その一方で，調査現場での新たな発見などを調査実施中に調査内容に織り込むことが難しい点が短所である．

② 非指示的面接調査

質問や回答のしかたに制約がなく，インタビューによって比較的自由に質問と回答のやりとりを行う方法である．臨機応変に情報を得やすく，調査現場での問題発見を調査に織り込みやすいという利点がある．しかし，データ収集の過程で調査員の能力やラポール形成の影響を受けやすい点と，収集したデータの形成が一般に統計処理にのりにくい点が短所である．

(2) 留置き調査

調査対象者を訪問し，調査票の回答記入を依頼して調査票を置いた後，数日後に再訪問して点検・回収する方法である．比較的高い回収率を見込むことができるが，調査対象者本人が回答したかどうかを確信できない点が短所である．

(3) 郵送調査

調査対象者に調査票を郵送し回答を記入した後に返送してもらう方法である．留置き調査同様，調査対象者本人が回答したのかが不明であるうえに，一般に回収率が低い点が短所である．

(4) 集合調査

調査対象者を1ヵ所に集め，その場で調査票を配布して回答してデータを集める方法である．会場の集合的な雰囲気の影響を受けやすい点が短所である．

(5) 電話調査

調査対象者に電話をかけて口頭で質問と回答のやりとりをしてデータを集める方法である．電話の所有状況や電話帳への記載で標本抽出のバイアスが生じる可能性が高い点が短所である．

(6) インターネット調査（ウェブ調査，オンライン調査）

インターネット上のウェブページ上に質問文と回答の選択肢を掲載し，閲覧者が選択肢をチェックしてデータを調査者のもとに送信することでデータ収集をする方法である．多くの場合，母集団に対する標本の代表性の問題をクリアしておらず，調査の信頼性の点で問題を残しているため，標本調査の代替には現在のところ使えない．

(7) 観察調査（観察法）

調査対象を観察することでデータを得る方法である．観察法は調査対象者と相互行為をするか否かで次のように分けられる．

① 参与観察

調査者自身が調査対象集団の一員となり出来事の体験を共有しながら観察記述を行ってデータを集める方法である．調査者自身の体験や調査実施によって生じた集団内の変化も観察対象に含まれうる．また，観察ばかりでなくインタビューも併せて行うこともある．

② 非参与観察

調査対象集団の外部から観察する方法である．街頭での観察などが該当する．

4 その他の分類：統計的調査と事例的調査，量的調査と質的調査

統計的調査とは，多数の事例の少ない側面を客観的に計量し，分析の際に統計学を用いて普遍化を行う調査法であり，事例的調査とは少数の事例の多くの側面を主観的に把握し，普遍化も主観的に行われる調査法であるとされ

る（福武・松原 1967）．一方，量的調査・質的調査は，それぞれ統計的調査・事例的調査とほぼ同義であり，統計的調査の多くが多数事例（≒多数の調査対象者）を扱う点と，事例的調査とされる多くが統計的調査のようにデータをコード化して扱わない点に焦点をあてた呼び方といえる．だが，統計的と事例的というとらえ方は必ずしも排他的なものではなく，統計的調査であり事例的調査でもある調査も存在する．また，量的調査によっても質的データを収集することもある．「統計的・事例的」「量的・質的」の分類はそれほど厳密になされているわけではないが，社会調査教育の場面においてよく言及される分類軸である．

第3節　社会調査の一般的な流れ

どの手続きまでを社会調査として括るかは研究者により異なるが，図15-1は社会調査の一般的な流れを示したものである．図の4，5，6，7は「3．調査方法の決定」の後，選んだ調査方法によって具体的な内容が決まってくる．標本調査の場合なら4には質問紙の作成，標本抽出，調査依頼状の発送などが該当し，6はデータコーディングやデータクリーニングが入る．

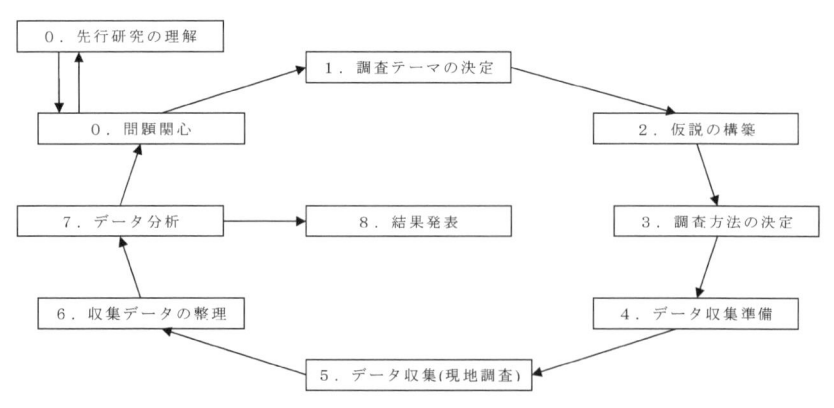

図15-1　社会調査の一般的な流れ

```
0．先行研究の理解
0．問題関心
1．調査テーマの決定
2．仮説の構築
3．調査方法の決定
4．データ収集準備
5．データ収集(現地調査)
6．収集データの整理
7．データ分析
8．結果発表
```

第4節　社会調査を用いた研究の古典

1 『ミドゥルタウン』(1929),『変貌期のミドゥルタウン』(1937)：リンド，R.S. とリンド，H.M.（リンド夫妻）著

地域社会に対する参与観察の好例である．文書資料の収集その他，あらゆる手段を用いてアメリカ中西部のある都市「ミドゥルタウン」の変容を把握することに努め，世界恐慌前後のアメリカ社会の階層分化と支配層の出現のストーリーを説得力をもって表現している．

2 『ストリート・コーナー・ソサエティ』(1943)：ホワイト，W.F. 著

大きな集団であるコミュニティを対象にした『ミドゥルタウン』の参与観察に対し，ホワイトの参与観察は特定の小さな集団に対する参与観察ととらえられる．都市の片隅でのコーナーボーイと大学の若者の生態を対比させて描くことで，生活の場がもつ意味の重層性を気づかせる作品となっている．参与観察における調査者と被調査者の関係性，調査に臨む調査者のまなざしについても学ぶ点が多い．

3 『ピープルズ・チョイス』(1944)：ラザースフェルド，P.F. ほか著

アメリカ大統領選挙の意外な結果を，量的な社会調査によって巧みに説明した研究である．「コミュニケーションの二段の流れ」や「オピニオン・リーダーの存在」といったマス・コミュニケーション効果研究における基礎的な仮説や概念の出発点となっている．

4 『アメリカの職業構造』(1967)：ブラウ，P.M. ほか著

多変量解析を使って，今日の社会階層研究に依然として影響を与え続けている分析モデルを提出した研究である．父親とその息子の社会経済的地位の

関係についての知見を示している．

5 『アメリカ兵』(1949)：ストゥーファー, S.A. 著

「相対的剥奪」という社会学上の重要概念を，アメリカ兵に対する大規模調査データの分析から導出した研究である．上級兵であっても下級兵より不満が少なくない点に注目した着眼の面白さや，分析を通して行われるストーリー展開の巧みさなどに学ぶ点が多い．

6 『転職』(1974)：グラノヴェター, M. 著

社会調査としてはひ弱な調査と思われる調査からも理論的に大きな意味を導けることを示した研究である．社会調査を活用した研究をするにしても，展開するストーリーの面白さがとても重要であり，理論なきデータ分析の弱さを認識させる内容である．職を得る際に希薄な関係の人物とのつながりが結果として有益らしいことを見い出し，「弱い紐帯の強さ」という逆説的な知見を唱え，今日の社会的ネットワーク研究の促進に貢献した．

引用・参照文献

　以下は，各章ごとの引用・参照文献の一覧である．なお，入門書という性格上，翻訳書・翻訳論文の原典の書誌情報は省略した．ただし，原典の出版年はその文献が著された時代的な背景を理解するうえで重要な情報であるため，下記凡例によって掲載した．本文中の文献注（割注）でも，原則，原典の出版年を表示した．

翻訳書・翻訳論文の書誌情報に関する凡例
・翻訳書
著者名『翻訳書のタイトル』（原典の出版年；訳者名，翻訳書の出版社，翻訳書の出版年）
・翻訳論文
著者名「翻訳論文のタイトル」（原典の出版年；訳者名，所収書の書誌情報，所収書の出版年，翻訳論文の初ページ-終ページ）

序章　社会学とはどのような学問か
ミルズ，C.W.『社会学的想像力』（1959；鈴木広訳，紀伊國屋書店，1965）

第1章　社会学の誕生と成立
安藤英治『マックス・ウェーバー』講談社，2003
コント，A.「社会再組織に必要な科学的作業のプラン」（1822；霧生和夫訳，清水幾太郎編『コント　スペンサー（中公バックス世界の名著46）』中央公論社，1980，47-139）
デュルケム，É.『自殺論』（1897；宮島喬訳，中央公論社，1985）
デュルケム，É.『社会学的方法の規準』（1895；宮島喬訳，岩波書店，1978）
デュルケム，É.『宗教生活の原初形態（上・下）』（1912；古野清人訳，岩波書店，1975）
デュルケム，É.『社会分業論（上・下）』（1893；井伊玄太郎訳，講談社，1989）
居安正『ゲオルク・ジンメル』東信堂，2000
居安正／副田義也／岩崎信彦編『ゲオルク・ジンメルと社会学』世界思想社，2001
宮島喬『デュルケム自殺論』有斐閣，1979
向井守／石尾芳久／筒井清忠／居安正『ウェーバー支配の社会学』有斐閣，1979
中島道男『エミール・デュルケーム』東信堂，2001

サン＝シモン，C.H.『産業者の教理問答』(1823-24；森博訳，岩波書店，2001)
ジンメル，G.『社会学の根本問題』(1917；清水幾太郎訳，岩波書店，1979)
ジンメル，G.「社会的分化論」(1890；石川晃弘／鈴木春男訳，尾高邦雄編『デュルケム　ジンメル（世界の名著47）』中央公論社，1968，381-537)
ジンメル，G.『ジンメル・コレクション』（北川東子編訳／鈴木直訳，筑摩書房，1999)
マルクス，K.「フォイエルバッハにかんするテーゼ」(1844?；エンゲルス，F.『フォイエルバッハ論』松村一人訳，岩波書店，1960)
マルクス，K.『経済学・哲学草稿』(1844?；城塚登・田中吉六訳，1965)
マルクス，K.『資本論（マルクス　エンゲルス全集23a，23b）』(1867；大内兵衛／細川嘉六監訳,岡崎次郎訳，大月書店，1965)
マルクス，K.／エンゲルス，F.『ドイツ・イデオロギー』(1845-6；廣松渉編訳／小林昌人補訳，岩波書店，2002)
マルクス，K.／エンゲルス，F.『共産党宣言』(1948；大内兵衛／向坂逸郎訳，岩波書店，1951)
新明正道／鈴木幸壽監修『現代社会学のエッセンス』ぺりかん社，1996
住谷一彦／小林純／山田正範『マックス・ウェーバー』清水書院，1987
スペンサー，H.「進歩について」(1857；清水禮子訳，清水幾太郎編『コント　スペンサー（中公バックス世界の名著46）』中央公論社，1980，397-442)
徳田剛「ジンメルとシカゴ学派：パークのジンメル受容」中野正大／宝月誠編『シカゴ学派の社会学』世界思想社，2003，68-78
ウェーバー，M.『社会科学と社会政策にかかわる認識の「客観性」』(1904；富永祐治／立野保男訳，折原浩補訳，岩波書店，1998)
ウェーバー，M.『理解社会学のカテゴリー』(1913；林道義訳，岩波書店，1968)
ウェーバー，M.『社会主義』(1918；濱島朗訳，講談社，1980)
ウェーバー，M.『プロテスタンティズムの倫理と資本主義の精神』(1920；大塚久雄訳，岩波書店，1989)
ウェーバー，M.『社会学の根本概念』(1922；清水幾太郎訳，岩波書店，1973)
ウェーバー，M.『支配の諸類型（経済と社会）』(1956；世良晃志郎訳，創文社，1970)
ウェーバー，M.『ウェーバー社会学論集（現代社会学大系5）』（浜島朗／徳永恂訳，青木書店，1971)

第2章　社会学の発展

アンダーソン，N.『ホーボー：ホームレスの人たちの社会学（上・下）』(1923；広田康生訳，ハーベスト社，1999-2000)
ブルーマー，H.『シンボリック相互作用論』(1969；後藤将之訳，勁草書房，

1991)

バージェス, E.W.「都市の発展:調査計画序論」(1925;奥田道大訳, 鈴木広編『都市化の社会学 増補』誠信書房, 1978, 113-126)

フロム, E.『自由からの逃走』(1941;日高六郎訳, 東京創元社, 1980)

ガーフィンケル, H.『エスノメソドロジー:社会学的思考の解体』(1967;山田富秋訳, せりか書房, 1987)

ゴッフマン, E.『行為と演技』(1959;石黒毅訳, 誠信書房, 1991)

ゴッフマン, E.『出会い』(1961;佐藤毅/折橋徹彦訳, 誠信書房, 1990)

グールドナー, A.W.『社会学の再生を求めて』(1970;岡田直之ほか訳, 新曜社, 1978)

ホッブズ, T.『リヴァイアサン』(1651;水田洋訳, 岩波書店, 1992)

ホルクハイマー, M./アドルノ, T.W.『啓蒙の弁証法』(1947;徳永恂訳, 岩波書店, 1990)

マンハイム, K.『イデオロギーとユートピア』(1929;鈴木二郎訳, 未来社, 1980)

マルクス, K.『経済学批判』(1859;武田隆夫ほか訳, 岩波書店, 1956)

マルクーゼ, H.『一時元的人間:先進主義社会におけるイデオロギーの研究』(1964;生松敬三/三沢謙一訳, 河出書房新社, 1989)

ミード, G.H.『精神・自我・社会』(1934;河村望訳, 人間の科学社, 1995)

マートン, R.K.『社会理論と社会構造』(1949;森東吾ほか訳, みすず書房, 1970)

ミルズ, C.W.『社会学的想像力』(1959;鈴木広訳, 紀伊国屋書店, 1995)

中野秀一郎『タルコット・パーソンズ:最後の近代主義者(シリーズ世界の社会学・日本の社会学)』東信堂, 1999

パーク, R.E.「都市:都市環境における人間行動研究のための指針」(1916;笹森秀雄訳, 鈴木広編『都市化の社会学(増補)』誠信書房, 1978)

パーク, R.E./バージェス, E.E./マッケンジー, R.D.『都市:人間生態学とコミュニティ論』(1925;大道安二郎/倉田和四生訳, 鹿島出版会, 1972)

パーソンズ, T.『社会的行為の構造』(1937;稲上毅/厚東洋輔ほか訳, 木鐸社, 1975-1989)

パーソンズ, T.『社会体系論』(1951;佐藤勉訳, 青木書店, 1974)

パーソンズ, T./スメルサー, N.J.『経済と社会:経済学理論と社会学理論の統合についての研究 I・II』(1956;富永健一訳, 岩波書店, 1958-59)

ショウ, C.R.『ジャック・ローラー:ある非行少年自身の物語』(1930;玉井真理子/池田寛訳,東洋館出版, 1988)

シュッツ, A.『現象学的社会学』(1970;森川眞規雄/浜日出夫訳, 紀伊國屋書店, 1993)

高橋徹『現代アメリカ知識人論』新泉社，1987
トマス，W.I./ズナニエツキ，F.『生活史の社会学：ヨーロッパとアメリカにおけるポーランド農民』(1918-20；桜井厚訳，御茶の水書房，1983)
富永健一『現代の社会科学者（人類の知的遺産79）』講談社，1984
ワース，L.「生活様式としてのアーバニズム」(1938；高橋勇悦訳，鈴木広編『都市化の社会学 増補』誠信書房，1978，127-147)

コラム　日本の社会学の成立と展開
石田雄『日本の社会科学』東京大学出版会，1984
河村望『日本社会学史研究（上）』人間の科学社，1975
尾高邦雄「デュルケームとジンメル：近代社会学の建設者たち」尾高邦雄編『デュルケーム　ジンメル（世界の名著47）』中央公論社，1968，5-48
小笠原真『日本社会学史への誘い』世界思想社，2000

第3章　現代の社会学
Alexander, J.C. *Theoretical Logic in Sociology*, 4 vols., University of California Press, 1982-4.
アレグザンダー，J.『ネオ機能主義と市民社会』(鈴木健之編訳，恒星社厚生閣，1996)
バウマン，Z.『近代とホロコースト』(1989；森田典正訳，大月書店，2006)
バウマン，Z.『リキッド・モダニティ：液状化する社会』(2000；森田典正訳，大月書店，2001)
ベック，U.『危険社会：新しい近代への道』(1986；東廉/伊藤美登里訳，法政大学出版局，1998)
ベック，U./ギデンズ，A./ラッシュ，S.『再帰的近代化：近現代における政治，伝統，美的原理』(1994；松尾精文/小幡正敏/叶堂隆三訳，而立書房，1997)
ブルデュー，P.『ディスタンクシオン：社会的判断力批判 (1, 2)』(1979；石井洋二郎訳，藤原書店，1990)
ブルデュー，P.『実践感覚 1, 2』(1980；今村仁司/港道隆/福井憲彦/塚原史訳，みすず書房，1988，1990)
コールマン，J.『社会理論の基礎（上・下）』(1990；久慈利武監訳，青木書店，2004，2006)
フーコー，M.『言葉と物：人文科学の考古学』(1966；渡辺一民/佐々木明訳，新潮社，1974)
フーコー，M.『知の考古学』(1969；中村雄二郎訳，河出書房新社，1979)
フーコー，M.『狂気の歴史：古典主義時代における』(1972；田村俶訳，新潮社，1975)

ギデンズ, A.『社会学の新しい方法規準:理解社会学の共感的批判』(1976;松尾精文/藤井達也/小幡正敏訳, 而立書房, 1987)
ギデンズ, A.『社会理論の最前線』(1979;友枝敏雄/今田高俊/森重雄訳, ハーベスト社, 1989)
ギデンズ, A.『近代とはいかなる時代か?:モダニティの帰結』(1990;松尾精文/小幡正敏訳, 而立書房, 1993)
ハーバーマス『コミュニケーション的行為の理論(上・中・下)』(1981;河上倫逸/M.フーブリヒト/平井俊彦訳, 未来社, 1985, 1986, 1987)
レヴィ=ストロース, C.『親族の基本構造(上・下)』(1949;馬渕東一/田島節夫監訳, 番町書房, 1977, 1978)
ルーマン, N.『社会システム理論(上・下)』(1984;佐藤勉監訳, 恒星社厚生閣, 1993, 1995)

第4章 行為と集団の基礎概念

ブルーマー, H.『シンボリック相互作用論:パースペクティヴと方法』(1969;後藤将之訳, 勁草書房, 1991)
Cooley, C.H., *Human nature and the Social Order*, Charles Scribner's Sone, 1902.
クーリー, C.H.『社会組織論』(1909;大橋幸/菊地美代志訳, 青木書店, 1970)
船津衛『ジョージ・H・ミード:社会的自我論の展開』東信堂, 2000
ゴッフマン, E.『行為と演技:日常生活における自己呈示』(1959;石黒毅訳, 誠信書房, 1974)
ゴッフマン, E.「役割距離」(1961;佐藤毅/折橋徹彦訳『出会い:相互行為の社会学』誠信書房, 1985, 83-172)
ジンメル, G.「異郷人についての補説」(1908;居安正訳『社会学:社会化の諸形式についての研究(下)』白水社, 1994, 285-291)
ジンメル, G.『社会学の根本問題:個人と社会』(1917;清水幾太郎訳, 岩波文庫, 1979)
マッキーバー, R.M.『コミュニティ,社会学的研究:社会生活の性質と基本法則に関する一試論』(1914;中久郎/松本通晴監訳, ミネルヴァ書房, 1975)
ミード, G.H.『精神・自我・社会』(1934;稲葉三千男ほか訳, 青木書店, 1973)
Merton, R.K., "The Unanticipated Consequences of Purposive Social Action," *American Sociological Review*, Vol.1, 1936, 894-904.
マートン, R.K.「予言の自己成就」(1947;中島竜太郎訳,『社会理論と社会構造』森東吾ほか訳, みすず書房, 1961, 382-398)
マートン, R.K./ロッシ, A.S.「準拠集団行動の理論」(1950;森好夫訳,『社会理論と社会構造』森東吾ほか訳, みすず書房, 1961, 207-256)
マートン, R.K.「準拠集団と社会構造の理論(つづき)」(1957;森東吾訳,『社

会理論と社会構造』森東吾ほか訳，みすず書房，1961，256-351）
パーク，R.E.「人間の移動とマージナル・マン」（1928；好井裕明訳，『実験室としての都市：パーク社会学論文選』町村敬志／好井裕明編訳，御茶の水書房，1986，91-112）
佐藤嘉倫「予言の自己成就」小林淳一／木村邦博編著『考える社会学』ミネルヴァ書房，1991，21-29
塩原勉「集団と組織」安田三郎ほか編『基礎社会学　第Ⅲ巻　社会集団』東洋経済新報社，1981，2-16
シュッツ，A.「よそ者：社会心理学的一試論」（1944；渡辺光訳，ブロターゼン，A.編『アルフレッド・シュッツ著作集Ⅲ：社会理論の研究』渡辺光ほか訳，マルジュ社，1991，133-151）
サムナー，W.G.『フォークウェイズ』（1906；青柳清孝ほか訳，青木書店，1975）
高田保馬『社會學概論』岩波書店，1911
テンニエス，F.『ゲマインシャフトとゲゼルシャフト：純粋社会学の基本概念（上・下）』（1887；杉之原寿一訳，岩波文庫，1957）
ヴェーバー，M.『社会学の根本概念』（1922；清水幾太郎訳，岩波文庫，1972）
ヴェーバー，M.『プロテスタンティズムの倫理と資本主義の精神』（1905；大塚久夫訳，岩波文庫，1989）
安田三郎「相互行為・役割・コミュニケーション」安田三郎ほか編『基礎社会学　第Ⅱ巻　社会過程』東洋経済新報社，1981，2-28
吉田裕「クーリーの理論」新明正道／鈴木幸壽監修『現代社会学のエッセンス：社会学理論の歴史と展開［改訂版］』ぺりかん社，1996，101-114

第5章　構造と変動の基礎概念

ベル，D.『脱工業化社会の到来』（1973；内田忠夫／嘉治元郎ほか訳，ダイヤモンド社，1975）
ギデンズ，A.『先進社会の階級構造』（1977；市川統洋訳，みすず書房，1978）
ギデンズ，A.『社会理論の最前線』（1979；友枝敏雄／今田高俊／森重雄訳，ハーベスト社，1989）
原純輔／盛山和夫『社会階層：豊かさの中の不平等』東京大学出版会，1999
今田高俊『自己組織性：社会理論の復活』創文社，1986
ミルズ，C.W.『ホワイト・カラー［改訂版］』（1951；杉政孝訳，東京創元社，1971）
オグバーン，W.F.『社会変動論』（1922；雨宮庸蔵／伊藤安二訳，育英書院，1950，訳書の題名は『社会変化論』）
パレート，V.『社会学大綱』（1916；北川隆吉／広田明／板倉達文訳，青木書店，1987，原著の12・13章の邦訳）

パーソンズ, T.『社会体系論』(1951；佐藤勉訳, 青木書店, 1974)
ロストウ, W.W.『増補 経済成長の諸段階』(1971；木村健康／久保まち子／村上泰亮訳, ダイヤモンド社, 1974)
安田三郎『社会移動の研究』東京大学出版会, 1971
安田三郎／塩原勉／富永健一／吉田民人編『基礎社会学 第Ⅳ巻 社会構造』東洋経済新報社, 1981
安田三郎／塩原勉／富永健一／吉田民人編『基礎社会学 第Ⅴ巻 社会変動』東洋経済新報社, 1981

第6章 家族とジェンダー

アリエス, P.『〈子供〉の誕生：アンシャン・レジーム期の子供と家族生活』(1960；杉山光信／杉山恵美子訳, みすず書房, 1980)
有賀喜左衛門『日本家族制度と小作制度』河出書房, 1943
バダンテール, E.『母性愛という神話』(1980；鈴木晶訳, 筑摩書房, 1991)
Blood, R.O. Jr, and Wolfe, D.M., *Husbands and Wives: the Dynamics of Married Living*, New York, Free Press of Glencoe, 1960.
エルダー, G.／ジール, J.『ライフコース研究の方法：質的ならびに量的アプローチ』(1998；正岡寛司／藤見純子訳, 明石書店, 2003)
藤崎宏子『高齢者・家族・社会的ネットワーク』培風館, 1998
経済企画庁『国民生活白書(平成9年版)』1997
喜多野清一「同族組織と封建遺制」日本人文科学会編『封建遺制』有斐閣, 1951, 175-195
小山隆編『現代家族の研究：実態と調整』弘文堂, 1960
小山隆編『現代家族の役割構造：夫婦・親子の期待と現実』培風館, 1967
増田光吉「現代都市家族における夫婦及び姑の勢力構造：神戸市の場合」『江南大学文学会論集』27, 1965, 49-65
目黒依子『個人化する家族』勁草書房, 1987
ミレット, K.『性の政治学』(1970；藤枝ほか訳, ドメス出版, 1973)
森岡清美『家族周期論』培風館, 1973
森岡清美／青井和夫編『ライフコースと世代』垣内出版, 1985
森岡清美『現代家族変動論』ミネルヴァ書房, 1993
マードック, G.『社会構造：核家族の社会人類学』(1949；内藤莞爾監訳, 新泉社, 1978)
牟田和恵『戦略としての家族：近代日本の国民国家と女性』新曜社, 1996
直井道子『高齢者と家族』サイエンス社, 1993
落合恵美子「〈近代家族〉の誕生と終焉：歴史社会学の眼」『現代思想』13(6), 1985, 70-83

落合恵美子『核家族の育児援助に関する調査研究報告』兵庫県家庭問題研究所，1987
落合恵美子「育児援助と育児ネットワーク」『家族研究』1，1989，109-133
落合恵美子『21世紀家族へ［新版］』有斐閣，1997
大橋薫／四方寿雄／光川晴之編『家族病理学』有斐閣，1974
大久保孝治／嶋﨑尚子『ライフコース論』放送大学教育振興会，1995
パーソンズ，T.／ベールズ，R.『核家族と子どもの社会化（上・下）』（1956；橋爪貞雄ほか訳，黎明書房，1970-1971）
ショーター，E.『近代家族の形成』（1975；田中俊宏ほか訳，昭和堂，1980）
戸田貞三『家族構成』弘文堂，1937
上野千鶴子「ファミリー・アイデンティティのゆくえ：新しい家族幻想」『シリーズ変貌する家族1　家族の社会史』岩波書店，1991，1-38
山田昌弘『近代家族のゆくえ：家族と愛情のパラドックス』新曜社，1994

第7章　少子化と高齢化

赤川学『子どもが減って何が悪いか！』筑摩書房，2004
アリエス，P.『〈子供〉の誕生：アンシャン・レジーム期の子供と家族生活』（1960；杉山光信／杉山恵美子訳，みすず書房，1980）
男女共同参画会議・少子化と男女共同参画に関する専門調査会『少子化と男女共同参画に関する社会環境の国際比較報告書』2005
石川憲彦『子育ての社会学』朝日新聞社，1985
経済企画庁『国民生活白書（平成9年版）』1997
内閣府『少子化社会白書（平成16年版）』2004
内閣府『高齢社会白書（平成16年版）』2004
内閣府『男女共同参画白書（平成17年版）』2005
大沢真理『男女共同参画社会をつくる』NHKブックス，2002
パルモア，A.B.『エイジズム：優遇と偏見・差別』（1990；奥山正司訳，法政大学出版会，1995）
清水浩昭編『日本人と少子化』人間の科学社，2004
白波瀬佐和子『少子高齢社会のみえない格差：ジェンダー・世代・階層のゆくえ』東京大学出版会，2005
副田義也編『老年：性愛・労働・学習』（現代のエスプリ No.126）至文堂，1978
矢澤澄子／国広陽子／天童睦子『都市環境と子育て：少子化・ジェンダー・シティズンシップ』勁草書房，2003
鷲田清一『老いの空白：シリーズ生きる思想』弘文堂，2003

第8章　都市化と地域社会

秋元律郎「中間集団としての町内会」倉沢進／秋元律郎編『町内会と地域集団』ミネルヴァ書房, 1990, 129-157

有賀喜左衛門「都市社会学の課題：村落社会学と関連して」民族文化調査会編『社会調査の理論と実際』青山書院, 1948, 29-73（再録『有賀喜左衛門著作集』8巻, 未来社, 1966, 147-203）

バージェス, E.W.「都市の発展：調査計画序論」(1925；奥田道大訳, 鈴木広編『都市化の社会学　増補』誠信書房, 1978, 113-126)

カステル, M.「都市社会学は存在するか」([1968] 1977；吉原直樹訳, ピックバンス, C.C.編『都市社会学：新しい理論的展望』山田操／吉原直樹／鯵坂学訳, 恒星社厚生閣, 1982)

カステル, M.『都市問題』([1972] 1975；山田操訳, 恒星社厚生閣, 1984)

江上渉「コミュニティ問題と施策」倉沢進編『改訂版　コミュニティ論』放送大学教育振興会, 2002, 19-29

エンゲルス, F.『イギリスにおける労働者階級の状態』(1845；一條和生／杉山忠平訳, 岩波書店, 1990)

フィッシャー, C.S.「アーバニズムの下位文化理論に向けて」(1975；奥田道大／広田康生訳, 奥田道大／広田康生編訳『都市の理論のために』多賀出版, 1983, 50-94)

福武直『日本農村の社会的性格』東京大学出版会, 1949（再録『福武直著作集』4巻, 東京大学出版会, 1976）

蓮見音彦『苦悩する農村』有信堂, 1990

本間義人『国土計画を考える』中央公論新社, 1999

川越淳二「都市の地域構造」大橋薫／近江哲男編『都市社会学』川島書店, 1967, 49-63

倉沢進『日本の都市社会』福村出版, 1968

倉沢進「アーバニズム理論と都市＝民俗社会連続体」倉沢進編『都市空間の比較社会学』放送大学教育振興会, 1999, 84-99

倉沢進／秋元律郎編『町内会と地域集団』ミネルヴァ書房, 1990

リンド, R.S.／リンド, L.H.M.『ミドゥルタウン』(1929；中村八朗訳, 青木書店, 1990)

ライアン, D.『監視社会』(2001；河村一郎訳, 青土社, 2002)

MacIver, R.M. and Page, C.H., *Society: An Introductory Analysis*, New York, Farrar and Rinehart, 1949.

中田実「コミュニティと地域の共同管理」倉沢進／秋元律郎編『町内会と地域集団』ミネルヴァ書房, 1990, 191-216

中村八朗「都市町内会論の再検討」『都市問題』56(5), 1965, 69-81

奥田道大「旧中間層を主体とする都市町内会：その問題点の提示」『社会学評論』14(3)，1964，9-14

Redfield, R., *The Folk Culture of Yukatan*, Chicago, University of Chicago Press, 1941.

サッセン，S.「都市に内在する新たな不平等」(2003；椋尾麻子訳，『現代思想』31(6)，2003，86-103)

ショウバーグ，G.『前産業型都市』(1960；倉沢進訳，鹿島出版会，1968)

島崎稔「戦後日本の都市と農村」島崎稔編『現代日本の都市と農村』大月書店，1978，1-53

ソローキン，P.A.／ジンマーマン，C.C.『都市と農村：その人口交流』(1929；京野正樹訳，刀江書院，1940)

鈴木栄太郎『日本農村社会学原理』時潮社，1940 (再録『鈴木榮太郎著作集』1-2巻，未来社，1968)

鈴木広『都市的世界』誠信書房，1970

竹中英紀「コミュニティ行政と町内会・自治会」『都市問題』89(6)，1998，29-39

玉野和志「都市町内会論の展開」鈴木広監修，木下謙治／篠原隆弘／三浦典子編『シリーズ［社会学の現在］②　地域社会学の現在』ミネルヴァ書房，2002，75-88

Warner, W.L. et al., *The 'Yankee City' series*, 6 vols., New Heaven, Yale Univ. Press, 1941-59.

渡戸一郎「90年代後期東京におけるコミュニティ施策の転換」『都市問題』89(6)，1998，15-27

ヴェーバー，M.「都市」(1921；倉沢進訳，尾高邦雄編『中公バックス　世界の名著61　ウェーバー』中央公論社，1979，599-704)

Wellman, B., "The Community Question, Intimate Networks in East Yorkers," *American Journal of Sociology*, 84, 1979, 1201-1231.

ワース，L.「生活様式としてのアーバニズム」(1938；高橋勇悦訳，鈴木広編『都市化の社会学　増補』誠信書房，1978，127-147)

第9章　職業と組織

青木保『「日本文化論」の変容：戦後日本の文化とアイデンティティー』中央公論社，1999

馬場修一／岡本英雄「職業構成」本間康平編『職業（テキストブック社会学4）』有斐閣，1977，17-31

バーナード，C.I.『経営者の役割』(1938；山本安次郎／田杉競／飯野春樹訳，ダイヤモンド社，1968)

デュルケム，É.『社会分業論』(1893；井伊玄太郎訳，講談社，1898)

エツィオーニ，A.『現代組織論』(1964；渡瀬浩訳，至誠堂，1967)
グールドナー，A.W.『産業における官僚制：組織過程と緊張の研究』(1954；岡本秀昭/塩原勉訳，ダイヤモンド社，1963)
橋本健二『階級社会日本』青木書店，2001
早瀬昇/松原明『NPO がわかる Q&A（岩波ブックレット No.618)』岩波書店，2004
星野潔「現代の社会運動の組織形態」帯刀治/北川隆吉編『社会運動研究入門：社会運動研究の理論と技法（社会学研究シリーズ 理論と技法13)』文化書房博文社，2004，169-197
イリイチ，I.『シャドウ・ワーク』(1981；玉野井芳郎/栗原彬訳，岩波書店，1982)
石川晃弘「産業社会学とは何か」石川晃弘編『産業社会学（ライブラリ社会学4）』サイエンス社，1988，1-15
石川晃弘「序章 問題の背景と本書の狙い」石川晃弘/田島博実編『変わる組織と職業生活』学文社，1999，1-11
石川晃弘/田島博実編『変わる組織と職業生活』学文社，1999
マルクス，K.H.『資本論』第1巻 (1867；向坂逸郎訳，岩波書店，1967)
マルクス，K.H./エンゲルス，F.『ドイツ・イデオロギー』(1845-46；廣松渉編訳，小林昌人補訳，岩波書店，2002)
マートン，R.K.「ビューロクラシーの構造とパーソナリティ」(1940；森東吾/森好夫/金沢実/中島竜太郎訳『社会理論と社会構造』みすず書房，1961，179-189)
尾高邦雄『新稿 職業社会学 第1分冊』福村書店，1953
尾高邦雄『産業における人間関係の科学』有斐閣，1963
尾高邦雄『日本的経営：その神話と現実』中央公論社，1984
小倉利丸「戦時電子政府と監視社会」小倉利丸編『グローバル化と監視警察国家への抵抗：戦時電子政府の検証と批判』樹花舎，2005，261-472
佐藤慶幸『官僚制の社会学 新版』文眞堂，1991
新・日本的経営システム等研究プロジェクト編『新時代の「日本的経営」：挑戦すべき方向とその具体策』日本経営者団体連盟広報部，1995
寿里茂「産業社会の構造」本間康平編『職業（テキストブック社会学4)』有斐閣，1977，203-216
テーラー，F.W.『科学的管理法の原理』(1911；上野陽一訳『科学的管理法 新版』産能大出版部，1969，221-336)
梅澤正「現代社会の組織現象」小林幸一郎/梅澤正編『組織社会学（ライブラリ社会学5)』サイエンス社，1988，1-45
ヴェーバー，M.「新秩序ドイツの議会と政府：官僚制度と政党組織の政治的批判」

(1918；中村貞二／山田高生訳，阿部行蔵訳者代表『ヴェーバー（新装版・世界の大思想 3）』河出書房新社，1973，303-383)
ヴェーバー，M.『支配の社会学（経済と社会　第 2 部第 9 章第 1 - 7 節）』（1956；世良晃志郎訳，創文社，1960)
山田鋭夫『レギュラシオン理論：経済学の再生』講談社，1993

第10章　産業化と環境問題

ベック，U.『危険社会』（1986；東廉／伊藤美登里訳，法政大学出版局，1998)
ベル，D.『脱工業社会の到来』（1973；内田忠夫／嘉治元郎／城塚登／馬場修一／村上泰亮／谷嶋喬四郎訳，1975)
福谷正信「知識・情報化のなかの企業組織」石川晃弘／田島博実編著『変わる組織と職業生活』学文社，1999，31-50
飯島伸子『公害・労災・職業病年表』公害対策技術同友会，1977
飯島伸子『環境問題の社会史』有斐閣，2000
飯島伸子「地球環境問題における公害・環境問題と環境社会学：加害－被害構造の視点から」『環境社会学研究』6，2000，5-22
池内了『科学・技術と社会』放送大学教育振興会，2003
今田高俊「産業化と社会変動」今田高俊編著『産業化と環境共生』ミネルヴァ書房，2003，1-35
イリイチ，I.『脱病院化社会：医療の限界』（1976；金子嗣郎訳，晶文社，1979)
金子勇／長谷川公一『マクロ社会学：社会変動と時代診断の科学』新曜社，1993
環境庁『環境白書（平成 5 年版）各論』1993
環境省『循環型社会白書（平成14年版）』2002
環境省『循環型社会白書（平成16年版）』2004
環境と開発に関する世界委員会『地球の未来を守るために』（1987；大来佐武郎監修，環境庁国際問題研究会訳，福武書店，1987)
鬼頭秀一『自然保護を問いなおす：環境倫理とネットワーク』筑摩書房，1996
公害問題研究会編『公害年鑑：1980～81年度版』環境保全協会，1981
宮内泰介「発展途上国と環境問題：ソロモン諸島の事例から」船橋晴俊／飯島伸子編『講座社会学12　環境』東京大学出版会，1998，163-190
文部科学省『科学技術白書（平成16年版）』2004
諸富徹『環境』岩波書店，2003
中西準子『環境リスク論：技術論からみた政策提言』岩波書店，1995
中西準子『環境リスク学：不安の海の羅針盤』日本評論社，2004
中西準子／益永茂樹／松田裕之『演習環境リスクを計算する』岩波書店，2003
日本リスク研究学会『リスク学事典』TBSブリタニカ，2000
ロストウ，W.W.『経済成長の段階』（1960；木村健康／久保まち子／村上泰亮訳，

ダイヤモンド社, 1961)
さがら邦夫『新・南北問題:地球温暖化からみた21世紀の構図』藤原書店, 2000
佐藤哲彦「医療化と医療化論」進藤雄三／黒田浩一郎編『医療社会学を学ぶ人のために』世界思想社, 1999, 122-138
庄司光／宮本憲一『恐るべき公害』岩波書店, 1964
庄司光／宮本憲一『日本の公害』岩波書店, 1975
総理府『公害白書(昭和46年版)』1971
立岩真也「医療・技術の現代史のために」今田高俊編著『産業化と環境共生』ミネルヴァ書房, 2003, 258-287
寺田良一「地球環境意識と環境運動:地域環境主義と地球環境主義」飯島伸子編『講座環境社会学第5巻 アジアと世界』有斐閣, 2001, 233-258
鳥越皓之『環境社会学:生活者の立場から考える』東京大学出版会, 2004
矢野暢『南北問題の政治学』中央公論社, 1982

第11章 大衆化と情報化

アドルノ, T.『権威主義的パーソナリティ』(1950;田中義久／矢沢修次郎／小林修一訳, 青木書店, 1980)
東浩紀／大澤真幸『自由を考える』日本放送出版協会, 2003
ボードリヤール, J.『消費社会の神話と構造』(1970;今村仁司／塚原史訳, 紀伊国屋書店, 1979)
バーガー, P.L.『聖なる天蓋:神聖世界の社会学』(1967;薗田稔訳, 新曜社, 1979)
フロム, E.『自由からの逃走』(1941;日高一郎訳, 東京創元社, 1951)
ガルブレイス, J.K.『ゆたかな社会』(1958;鈴木哲太郎訳, 岩波書店, 1960)
ホルクハイマー, M.／アドルノ, T.『啓蒙の弁証法,哲学的断想』(1947;徳永恂訳, 岩波書店, 1990)
コーンハウザー, W.『大衆社会の政治』(1959;辻村明訳, 東京創元社, 1961)
黒崎政男『デジタルを哲学する:時代のテンポに翻弄される「私」』PHP研究所, 2002
ル・ボン, G.『群集心理』(1895;桜井成夫訳, 講談社, 1993)
ライアン, D.『監視社会』(2001;河村一郎訳, 青土社, 2002)
マンハイム, K.『現代の診断』(1943;高橋徹／青井和夫訳, みすず書房, 1954)
マクルーハン, M.『メディア論:人間の拡張の諸相』(1964;栗原裕／河本仲聖訳, みすず書房, 1987)
マクルーハン, M.『グーテンベルクの銀河系:活字人間の形成』(1962;森常治訳, みすず書房, 1986)
ミルズ, C.W.『パワー・エリート』(1956;鵜飼信成／綿貫譲治訳, 東京大学出版

会, 1958)
リースマン, D.『孤独な群衆』(1950；加藤秀俊訳, みすず書房, 1964)
佐藤俊樹『ノイマンの夢・近代の欲望：情報化社会を解体する』講談社, 1996
タルド, G.『世論と群衆』(1901；稲葉三千男訳, 未来社, 1964)
トフラー, A.『第三の波』(1980；徳岡孝夫監訳, 中央公論社, 1982)
ホワイト, W.H.『組織のなかの人間』(1956；岡部慶三／藤永保訳, 東京創元社, 1959)

第12章　グローバリゼーションとエスニシティ

アンダーソン, B.『想像の共同体』(1983；白石隆／白石さや訳, NTT出版, 1997)
コーエン, C.／ケネディ, P.『グローバル・ソシオロジー　第II巻』(2000；山之内靖監訳, 伊藤茂訳, 平凡社, 2003)
福田歓一『国家・民族・権力』岩波書店, 1988
ギデンズ, A.『国民国家と暴力』(1985；松尾精文／小幡正敏訳, 而立書房, 1999)
ギデンズ, A.『近代とはいかなる時代か？』(1990；松尾精文／小幡正敏訳, 而立書房, 1993)
ギデンズ, A.『暴走する世界』(1999；佐和隆光訳, ダイヤモンド社, 2001)
ハンチントン, S.P.『文明の衝突』(1996；鈴木主税訳, 集英社, 1998)
稲葉奈々子「国境を越える社会運動」梶田孝道編『新・国際社会学』名古屋大学出版会, 2005, 179-198
伊豫谷登士翁『グローバリゼーションとは何か』平凡社, 2002
梶田孝道編『国際社会学』放送大学教育振興会, 1995
梶田孝道／栗田宣義編『キーワード／社会学』川島書店, 1993
梶田孝道／小倉充夫「国民国家：その変化の現状と多様なゆくえ」梶田孝道／小倉充夫編『国民国家はどう変わるか（国際社会3）』東京大学出版会, 2002, 1-21
神奈川県自治総合研究センター編『開かれた地域社会に向けて：神奈川に在住する外国人との共生（平成13年度部局共同研究チーム報告書）』神奈川県自治総合研究センター, 2002
加藤哲郎『社会と国家（人間の歴史を考える⑨）』岩波書店, 1992
川出良枝「エスニシティと文化の多元化」阿部齊／高橋和夫『国際関係論』放送大学教育振興会, 1997, 144-153
川﨑嘉元「グローバリゼーションが問いかけるもの」シンポジウム研究叢書編集員会　川﨑嘉元／滝田賢治／園田茂人編『グローバリゼーションと東アジア（中央大学学術シンポジウム研究叢書 4）』中央大学出版部, 2004, 1-10

木畑洋一「地球規模の社会の成り立ち」羽場久浘子／増田正人編『21世紀　国際社会への招待』有斐閣，2003，11-18
小井土彰弘「国際移民の社会学」梶田孝道編『新・国際社会学』名古屋大学出版会，2005，2-23
公文溥「国境を越えるビジネス」羽場久浘子／増田正人編『21世紀　国際社会への招待』有斐閣，2003，121-128
宮島喬『ヨーロッパ市民の誕生：開かれたシティズンシップへ』岩波書店，2004
小倉充夫「移民・移動の国際社会学」梶田孝道編『国際社会学』名古屋大学出版会，1992，40-61
小倉充夫「国際社会学序説　現代世界と社会学の課題」小倉充夫／加納弘勝編『国際社会（講座社会学16）』東京大学出版会，2002，1-30
小倉充夫／梶田孝道「『グローバル化』による社会変動と変革主体」小倉充夫／梶田孝道編『グローバル化と社会変動（国際社会5）』東京大学出版会，2002，1-12
関根政美『多文化主義社会の到来』朝日新聞社，2000
篠原一『市民の政治学』岩波書店，2004
スミス，A.D.『ナショナリズムの生命力』(1991；高柳先男訳，晶文社，1998)
サムナー，W.G.『フォークウェイズ』(1906；園田恭一ほか訳，青木書店，1975)
滝田賢治「グローバリゼーションと東アジア国際関係の変容」シンポジウム研究叢書編集員会　川﨑嘉元／滝田賢治／園田茂人編『グローバリゼーションと東アジア（中央大学学術シンポジウム研究叢書 4）』中央大学出版部，2004，67-88
田中宏『在日外国人　新版』岩波書店，1995
谷川稔『国民国家とナショナリズム（世界史リブレット35）』山川出版社，1999
ウォーラーステイン，I.『近代世界システム（Ⅰ・Ⅱ）』(1974；川北稔訳，岩波書店，1981)
ヴェーバー，M.『職業としての政治』(1919；脇圭平訳，岩波書店，1980)

コラム　社会運動の社会学

北川隆吉「社会運動の類型と組織」福武直ら編『講座社会学8　社会体制と社会変動』東京大学出版会，1958，180-203
メルッチ，A.『現在に生きる遊牧民（ノマド）』(1989；山之内靖ほか訳，岩波書店，1997)
道場親信／成元哲「社会運動は社会をつくる？」大畑裕嗣ら編『社会運動の社会学』有斐閣，2004，1-11
大畑裕嗣ほか編『社会運動の社会学』有斐閣，2004
ペリー，J.P.J.／ピュー，M.D.『集合行動論』(1978；三上俊治訳，東京創元社，1983)

塩原勉『組織と運動の理論』新曜社，1976
塩原勉「資源動員論と集合行動論の関係」塩原勉編『資源動員と組織戦略：運動論の新パラダイム』新曜社，1989，3-10
スメルサー，N.J.『集合行動の理論』(1963；会田彰／木原孝訳，誠信書房，1973)
高田昭彦「草の根市民運動のネットワーキング：武蔵野市の事例研究を中心に」社会運動研究会編『社会運動論の統合をめざして：理論と分析』成文堂，1990，203-246
帯刀治／北川隆吉編『社会運動研究入門：社会運動研究の理論と技法』文化書房博文社，2004

第13章　逸脱と社会問題

アンダーソン，N.『ホーボー：ホームレスの人たちの社会学（上・下）』(1923；広田康生訳，ハーベスト社，1999)
ベッカー，H.S.『アウトサイダーズ：ラベリング理論とはなにか』(1963；村上直之訳，新泉社，1978)
バージェス，E.W.「都市の発展，調査計画序論」(1925；奥田道大訳，鈴木広編『都市化の社会学 増補』誠信書房，1978，113-126)
デュルケム，É.『社会分業論（上・下）』(1893；井伊玄太郎訳，講談社，1989)
デュルケム，É.『社会学的方法の規準』(1895；宮島喬訳，岩波書店，1978)
デュルケム，É.『自殺論』(1897；宮島喬訳，中央公論社，1985)
ハーシ，T.『非行の原因：家庭・学校・社会のつながりを求めて』(1969；森田洋司／清水新二監訳，文化書房博文社，1995)
宝月誠／中野正大編『シカゴ社会学の研究』恒星社厚生閣，1997
星野周弘『社会病理学概論』学文社，1999
Lemert, E.M., *Social Pathology*, McGraw-Hill, 1951.
マートン，R.K.『社会理論と社会構造』(1949；森東吾ほか訳，みすず書房，1961)
中河伸俊『社会問題の社会学：構築主義アプローチの新展開』世界思想社，1999
Reckless, W.C., *Vice in Chicago*, University of Chicago Press, 1933.
ショウ，C.R.『ジャック・ローラー：ある非行少年自身の物語』(1930；玉井真理子／池田寛訳，東洋館出版，1988)
Shaw, C.R. and McKay, H.D., *Juvenile Delinquency and Urban Areas: a study of rates of delinquency in relation to differential characteristics of local communities in American cities*, University of Chicago Press, 1942.
スペクター，M.B.／キツセ，J.I.『社会問題の構築：ラベリング理論をこえて』(1977；村上直之／中河伸俊／鮎川潤／森俊太訳，マルジュ社，1990)
Sutherland, E.H., *Principles of Criminology*, 2nd ed., J.B. Lippincott, 1934 (1960)

タルド, J.G.『模倣の法則』(1890；風早八十二訳, 而立社, 1924)
Thrasher, F.M., *The Gang: A Study of 1, 313 Gangs in Chicago*, University of Chicago Press, 1927.
ヴォルド, G.B.／バーナード, T.J.『犯罪学』(1985；平野竜一／岩井弘融監訳, 東京大学出版会, 1990)
矢島正見／丸秀康／山本功編『よくわかる犯罪社会学入門』学陽書房, 2004
米川茂信『現代社会病理学』学文社, 1991

第14章　社会的不平等と福祉国家

ブルデュー, P.／パスロン, J.『遺産相続者たち』(1964；石井洋二郎監訳, 藤原書店, 1997)
エスピン－アンデルセン, G.『福祉資本主義の三つの世界』(1990；岡沢憲芙／宮本太郎監訳, ミネルヴァ書房, 2001)
エスピン－アンデルセン, G.『ポスト工業経済の社会的基礎』(1999；渡辺雅男／渡辺景子訳, 桜井書店, 2000)
ギデンズ, A.『第三の道：効率と公正の新たな同盟』(1998；佐和隆光訳, 日本経済新聞社, 1999)
加藤寛／丸尾直美『福祉ミックス社会への挑戦』中央経済社, 1998
マーシャル, T.H.／ボットモア, T.『シティズンシップと社会的階級』(1992；岩崎信彦／中村健吾訳, 法律文化社, 1993)
ピアソン, C.『曲がり角にきた福祉国家』(1991；田中浩／神谷直樹訳, 未来社, 1996)
ラウントリー, B.S.『貧乏研究』(1901；長沼弘毅訳, ダイヤモンド社, 1959)
佐藤俊樹『不平等社会日本』中公新書, 2000
庄司洋子／杉村宏／藤村正之編『貧困・不平等と社会福祉』有斐閣, 1997
橘木俊詔『日本の経済格差』岩波新書, 1998
ティトマス, R.M.『社会福祉政策』(1974；三友雅夫監訳, 恒星社厚生閣, 1981)
ウィレンスキー, H.L.／ルボー, C.N.『産業社会と社会福祉（上・下）』(1965；四方寿雄ほか監訳, 岩崎学術出版社, 1971)

第15章　社会調査

Blau, P.M., Duncan, O.D. and Tyree, A., *The American Occupational Structure*, Free Press, 1967.
福武直／松原治郎編『社会調査法』有斐閣双書, 1967
グラノヴェッター, M.『転職：ネットワークとキャリアの研究』(1974；渡辺深訳, ミネルヴァ書房, 1998)
原純輔／海野道郎『社会調査演習』東京大学出版会, 1984

マートン，R.K.『社会理論と社会構造』(1949；森東吾ほか訳，みすず書房，1961)
三隅一人編著『社会学の古典理論,数理で蘇る巨匠たち』勁草書房，2004
ラザースフェルド，P.F.ほか『ピープルズ・チョイス：アメリカ人と大統領選挙』(1968；有吉広介監訳，芦書房，1987)
リンド，R.S.／リンド，H.M.『ミドゥルタウン』(1929，1937；中村八朗訳，現代社会学大系第9巻，青木書店，1990)
佐藤郁哉『フィールドワーク：書を持って街へ出よう』新曜社，1992
盛山和夫『社会調査法入門』有斐閣，2004
盛山和夫／近藤博之／岩永雅也『社会調査法』放送大学教育振興会，1992
Stouffer, S.A. et al., "The American Soldier" *Studies in social psychology in World War II*, Princeton University Press, 1949.
ホワイト，W.F.『ストリート・コーナー・ソサエティ』(1943；奥田道大／有里典三訳，有斐閣，2000)

索　引

あ　行

IT　161
Iとme　67
アソシエーション　71
アドルノ, T.W.　31, 32, 156
アノミー　15, 184, 187
アーバニズム　118
アファーマティブ・アクション　177
アリエス, P.　95
有賀喜左衛門　121
アレグザンダー, J.C.　51, 52
アンダーソン, B.　171
「家」制度　89
育児・介護休業法　102
依存効果　158
逸脱　181-183
5つの巨人　196
一般化された他者　68
意図せざる結果　61
イリイチ, I.　126, 143
医療化　143
インタビュー　208, 209
インナーシティ　124
ウェッブ夫妻　196
ヴェーバー, M.　19-22, 41, 59, 70, 119, 131, 134
ウォーラーステイン, I.　166, 168, 169
エイジズム　108
エコロジー　148
AGIL図式　29
SSM調査　84, 195, 206
エスニシティ　173-175
エスノセントリズム　172
エスノメソドロジー　38, 41
エスピン-アンデルセン, G.　199, 200
NPO　139, 179
M字型雇用曲線　102
エンゲルス, F.　9, 11, 112, 127
オーガニゼーション・マン　157
オグバーン, W.F.　87
尾高邦雄　38, 127, 137
オートポイエシス　45

か　行

階級　80, 128
介護保険制度　108
階層　81, 128
科学的管理法　132, 134
鏡に映った自己　67
核家族　92-94
格差拡大　195
カステル, M.　120
過疎化　114
家族周期　94
家族の個人化　97
ガーフィンケル, H.　37
家父長制　95
環境リスク　151
監視社会　161
慣習　181
官僚制　21, 131, 135, 138
　　──の逆機能　131
機械的連帯　13
基礎社会　72
キツセ, J.I.　191
ギデンズ, A.　50, 56, 202
規範　181
業績原理　84
近代家族　96
クオリティ・オブ・ライフ　108
グラノヴェター, M.　212
クーリー, C.H.　67, 70
グールドナー, A.W.　133
グローバリズム　168
グローバリゼーション　165, 172
群集　153
形式社会学　16, 63
ゲゼルシャフト　69
ゲマインシャフト　69
権威主義的パーソナリティ　156
現象学的社会学　37
言説分析　47
行為　59
公害　144
公衆　154
構造　80
構造化　50

構造-機能主義　27
構造主義　45
構造の二重性　50
構築主義　191
行動　59
合理化　20
合理的選択理論　53
高齢化　106
国民　170
国民国家　169
ゴッフマン，E.　37, 66
コミュニケーション的行為　43
コミュニティ　71, 122
コールマン，J.　53
コント，A.O.　6, 85

さ行

再帰的近代化　56
サザーランド，E.H.　186
サッセン，S.　125
産業化　5, 23, 130, 140
産業革命　5, 140
産業構造　129
産業社会　140
サン＝シモン，C.-H.de.　6, 85
3段階の法則　7
参与観察　209
ジェンダー　94
シカゴ学派　23, 117, 184
資源動員論　180
自己成就的予言　61
自己反省の社会学　35
自殺論　14, 184
システム　75
次世代育成支援対策推進法　104
持続可能な社会　149
自治会　121
史的唯物論　11
支配　21
資本論　11
市民革命　5
社会移動　82
社会運動　179
社会解体　185
社会学的想像力　3, 34
社会計画　87
社会圏の交錯　17
社会システム　78
社会進化論　8

社会的権利　197
社会的資源　82
社会的事実　13
社会的性格　155
社会病理　191
社会変動　84
社会問題　23, 26, 190
社会有機体説　8
主意主義　28
集合行動論　180
主我と客我　67
シュッツ，A.　37
循環型社会　150
準拠集団　73
小家族化　91
少子化　100
少子化社会対策基本法　104
職業　127
職業構造　128
新中間層　81
シンボリック相互作用論　36, 63
ジンメル，G.　16, 63
垂直移動　83
水平移動　83
鈴木栄太郎　120
スペクター，M.B.　191
スペンサー，H.　8
生活世界　43
世界システム　168
世帯　90
世代間移動　83
世代内移動　83
セレクティブ・サンクション　190
全国総合開発計画　114
相互行為　62
相互作用　62
想像の共同体　171
疎外　10
属性原理　84
組織　130

た行

第1次集団　70
第三の波　160
第三の道　57, 202
大衆　154
大衆消費社会　158
高田保馬　39, 72
他者志向型　156

索引　233

脱工業社会　142
多文化主義　176
タルド, G.　154
男女共同参画社会　105
男女雇用機会均等法　102
地域開発　114, 123
地位　64
知識社会学　32
中間集団　154
中範囲の理論　30
町内会　121
直系家族制　89
ティトマス, R.M.　197
デュルケム, E.　12, 85, 127, 182
テーラー, F.W.　132
伝統志向型　156
テンニース　69, 85
同心円地帯理論　117, 185
都市化　23, 112
都市・農村二分法　116
戸田貞三　90
都鄙連続体説　116
トフラー, A.O.　160
ドラマツルギー　37

な　行

内部志向型　157
ナショナリズム　171
ナショナル・ミニマム　196
南北問題　145
二重の解釈学　51
日本的経営　136
人間関係論　133
人間生態学　117
日本型福祉社会　198
ネイション　170
ネオ機能主義　51
ネオ・コーポラティズム　198
ネットワーク　99, 138, 212

は　行

バウマン, Z.　57
パーク, R.E.　26
ハーシ, T.　189
バージェス, E.W.　26, 117, 184
派生社会　72
パーソンズ, T.　28, 51, 93
バーナード, C.I.　130, 134
パネル調査　206

ハーバーマス, J.　42
ハビトゥス　49
パレート, V.　86
犯罪　183
非行　183
批判的社会学　34
標本調査　207
貧困　193
夫婦家族制　90
フェミニズム　95
フォーディズム　135
福祉国家　196
福祉ミックス論　200
福祉レジーム　200
フーコー, M.　47
フランクフルト学派　31
ブルデュー, P.　48
ブルーマー, H.G.　36, 63
フロム, E.　155
文化資本　49
文化帝国主義　173
分化的接触論　186
ベッカー, H.S.　189
ベック, U.　54, 144
ベバリッジ報告　196
ベル, D.　86, 142
ホーソン実験　132
ボードリヤール, J.　158
ホルクハイマー, M.　31
ホワイトカラー　81
ボンド理論　189

ま　行

マクルーハン, M.　160
マーシャル, T.H.　197
マス・コミュニケーション　159
マッキーヴァー, R.M.　71, 122
マードック, G.P.　92
マートン, R.K.　30, 61, 73, 131, 187
マルクス, K.　9, 87, 127
マルクーゼ, H.　31, 34, 35
マンハイム, K.　32
ミード, G.H.　36
ミルズ, C.W.　3, 34, 157
民族　170
ムラ　120
モダニティ　54

や 行

役割　64
有機的連帯　14, 86
予言の自己成就　61

ら 行

ライフコース　98
ラウントリー, B.S.　194
ラザースフェルド, P.F.　211
ラディカル社会学　33
ラベリング論　189
ラポール　205

リスク社会　54, 143
リースマン, D.　156
リプロダクティブ・ヘルス　110
ルーマン, N.　44
レヴィ=ストロース, C.　46
労働　126
ロストウ, W.W.　86, 141
ロンブローゾ, C.　186

わ 行

ワークフェア　202
ワース, L.　118
私事化　98

テキスト社会学

2007年3月10日　第一版第一刷発行
2011年1月31日　第一版第四刷発行

編著者　星　野　　　潔
　　　　杉　浦　郁　子

発行所　㈱学文社

発行者　田　中　千　津　子

〒153-0064　東京都目黒区下目黒3－6－1
電話(03)3715－1501　(代表)　振替 00130－9－98842
　　　　　　　　　　　http://www.gakubunsha.com

© Hoshino Kiyoshi and Sugiura Ikuko Printed in Japan 2007
落丁，乱丁本は，本社にてお取替えします。　　印刷／シナノ印刷㈱
定価は，売上カード，カバーに表示してあります。　＜検印省略＞

ISBN 978-4-7620-1672-1